아주 소중한

님에게

가 드립니다.

년   월   일

巨松 단상록 7

말은 그 사람의 생각이자 영혼의 무늬다!

그 입 다물라

머리말

　살아감에 있어 어떤 경우라도 남을 비난非難하거나 비방誹謗을 하지 말자는 취지趣旨로 이 책을 쓰게 되었습니다.

　남을 비난하거나 비방하는 것은 마치 피를 입에 물고 상대를 향해 뿌리는 것과 같습니다.
　상대를 향해 피를 뿌릴 때 그 피는 남에게 닿기 전에 먼저 자신의 입안에 머금게 됩니다.

　그리고 우리가 살면서 누구나 할 것 없이 말로 엄청나게 죄罪를 짓고 있습니다. 말로 지은 죄罪를 없애기 위해서는 남에게 아낌없는 칭찬稱讚과 축복祝福과 덕담德談으로 공덕功德을 쌓아야 합니다.

　그 사람을 잘 모르면서도 누군가에게 들은 얘기와 선입견先入見으로 사실 확인確認도 없이 살을 붙여 비난하고 비방할 시, 당사자는 크게 상처傷處받거나 억울抑鬱해하면서 잠을 이루지 못할 뿐 아니라 인생이 피폐疲弊해질 수도 있습니다.

특히 상처 준 말은 부메랑이 되어 본인에게 되돌아온다는 사실을 명심해야 합니다.

삶이란 주는 만큼 받는 것이니까요.

이럴 때 우리는 이렇게 말합니다.

"그 입 다물라!!!"

'23년에 짓고
'25년에 출판

1월 / 2월

1월	2월
1일 │ 월월이청청 月月而淸淸 ● 365	1일 │ 목퇴 木槌 ● 334
2일 │ 화개만고지 花開滿故枝 ● 364	2일 │ 금강불괴 金剛不壞 ● 333
3일 │ 수선리만물 水善利萬物 ● 363	3일 │ 토마스 풀러 ● 332
4일 │ 목전 木栓 ● 362	4일 │ 일심일념 일심통천 ● 331
5일 │ 금수능라 錦繡綾羅 ● 361	5일 │ 월조평 月朝評 ● 330
6일 │ 토수 吐秀 ● 360	6일 │ 화개화락무인견 ● 329
7일 │ 일배 一杯 ● 359	7일 │ 수설수망 隨說隨忘 ● 328
8일 │ 월주기성 月周期性 ● 358	8일 │ 목련 木蓮 ● 327
9일 │ 화득신이치 火得薪而熾 ● 357	9일 │ 금수이적 禽獸夷狄 ● 326
10일 │ 수채 收採 ● 356	10일 │ 토호 兎毫 ● 325
11일 │ 목양관 牧養官 ● 355	11일 │ 일두백미 一頭百味 ● 324
12일 │ 금린옥척 錦鱗玉尺 ● 354	12일 │ 월상계택 月象谿澤 ● 323
13일 │ 토무이왕 土無二王 ● 353	13일 │ 화수 花樹 ● 322
14일 │ 일언거사 一言居士 ● 352	14일 │ 수시반청 收視反聽 ● 321
15일 │ 월상루 月上樓 ● 351	15일 │ 목우 睦友 ● 320
16일 │ 화목지요 花木之妖 ● 350	16일 │ 금년화락안개색 ● 319
17일 │ 수로만리 水路萬里 ● 349	17일 │ 토주대감 土主大監 ● 318
18일 │ 목심 木心 ● 348	18일 │ 일덕일심 一德一心 ● 317
19일 │ 금부도사 禁府都事 ● 347	19일 │ 월장 越牆 ● 316
20일 │ 토주관 土主官 ● 346	20일 │ 화압 花押 ● 315
21일 │ 일어상인 一語傷人 ● 345	21일 │ 수야모야 誰也某也 ● 314
22일 │ 월하 月下 ● 344	22일 │ 목중존 木中尊 ● 313
23일 │ 화실상칭 華實相稱 ● 343	23일 │ 금과옥조 金科玉條 ● 312
24일 │ 수두상기 垂頭喪氣 ● 342	24일 │ 토마스 오트웨이 ● 311
25일 │ 목단 目斷 ● 341	25일 │ 일존일망 一存一亡 ● 310
26일 │ 금수장박 錦繡帳縛 ● 340	26일 │ 월일 月日 ● 309
27일 │ 토항 土炕 ● 339	27일 │ 화기소장 禍起蕭墻 ● 308
28일 │ 일휘소탕혈염산하 ● 338	28일 │ 수송산영 水送山影 ● 307
29일 │ 월진 越津 ● 337	
30일 │ 화동주렴 畵棟朱簾 ● 336	
31일 │ 수하차로 노불차수 ● 335	

3월 March

- 1일 | 목지牧地 • 306
- 2일 | 금석상약金石相約 • 305
- 3일 | 토착화土着化 • 304
- 4일 | 일거양전一擧兩全 • 303
- 5일 | 월인안월 초인안초 • 302
- 6일 | 화불손 밀득성花不損蜜得成 • 301
- 7일 | 수절사의守節死義 • 300
- 8일 | 목석난전木石難傳 • 299
- 9일 | 금고옥촉金膏玉燭 • 298
- 10일 | 토염생討鹽生 • 297
- 11일 | 일일편시一日片時 • 296
- 12일 | 월명항月明巷 • 295
- 13일 | 화수곡和水穀 • 294
- 14일 | 수외이혜중秀外而惠中 • 293
- 15일 | 목실경무이정수미 • 292
- 16일 | 금준미주천인혈 • 291
- 17일 | 토양세류土壤細流 • 290
- 18일 | 일성불변一成不變 • 289
- 19일 | 월주집月洲集 • 288
- 20일 | 화병충기畫餠充飢 • 287
- 21일 | 수기이안인修己以安人 • 286
- 22일 | 목종승즉정木從繩則正 • 285
- 23일 | 금계창효 옥봉함화 • 284
- 24일 | 토런스 • 283
- 25일 | 일우一羽 • 282
- 26일 | 월승세성형혹月乘歲星熒惑 • 281
- 27일 | 화곤華袞 • 280
- 28일 | 수적手迹 • 279
- 29일 | 목일욕월沐日浴月 • 278
- 30일 | 금춘화여설今春花如雪 • 277
- 31일 | 토마스 할리버튼 • 276

4월 April

- 1일 | 일념왕생一念往生 • 275
- 2일 | 월행月行 • 274
- 3일 | 화조풍월花鳥風月 • 273
- 4일 | 수심화열水深火熱 • 272
- 5일 | 목물전木物廛 • 271
- 6일 | 금년화사거년호 • 270
- 7일 | 토미양화土美養禾 • 269
- 8일 | 일편명월一片明月 • 268
- 9일 | 월주기月週期 • 267
- 10일 | 화앙禍殃 • 266
- 11일 | 수연진數緣盡 • 265
- 12일 | 목전무법目前無法 • 264
- 13일 | 금고승리琴高乘鯉 • 263
- 14일 | 토황색土黃色 • 262
- 15일 | 일발一髮 • 261
- 16일 | 월불유장 문심방 • 260
- 17일 | 화견수花見羞 • 259
- 18일 | 수인지기殊人之技 • 258
- 19일 | 목멱산木覓山 • 257
- 20일 | 금래今來 • 256
- 21일 | 토계리土溪里 • 255
- 22일 | 일조지념一朝之念 • 254
- 23일 | 월입처越入處 • 253
- 24일 | 화옥火玉 • 252
- 25일 | 수악한手握汗 • 251
- 26일 | 목수라木修羅 • 250
- 27일 | 금기어禁忌語 • 249
- 28일 | 토모진兎毛塵 • 248
- 29일 | 일상일영一觴一詠 • 247
- 30일 | 월태月態 • 246

5월 May

- 1일 | 화검花瞼 • 245
- 2일 | 수신재정기심修身在正其心 • 244
- 3일 | 목청木靑 • 243
- 4일 | 금옥군자金玉君子 • 242
- 5일 | 토양색土壤色 • 241
- 6일 | 일동불여일정一動不如一靜 • 240
- 7일 | 월송독거주月送獨去舟 • 239
- 8일 | 화충華蟲 • 238
- 9일 | 수찬修撰 • 237
- 10일 | 목조牧鳥 • 236
- 11일 | 금옥총金屋寵 • 235
- 12일 | 토폐즉초목부장 • 234
- 13일 | 일소천금一笑千金 • 233
- 14일 | 월인동月印洞 • 232
- 15일 | 화수분 • 231
- 16일 | 수편隨便 • 230
- 17일 | 목빙木氷 • 229
- 18일 | 금옥만당金玉滿堂 • 228
- 19일 | 토과근土瓜根 • 227
- 20일 | 일망무제一望無際 • 226
- 21일 | 월만즉휴 물성즉쇠 • 225
- 22일 | 화소미모火燒眉毛 • 224
- 23일 | 수란봉囚鸞鳳 • 223
- 24일 | 목석심장木石心腸 • 222
- 25일 | 금일상봉 수우희 • 221
- 26일 | 토번지욕吐蕃之辱 • 220
- 27일 | 일단취기一段翠氣 • 219
- 28일 | 월연越燕 • 218
- 29일 | 화상주유火上注油 • 217
- 30일 | 수인지 이제류 • 216
- 31일 | 목피삼촌木皮三寸 • 215

6월 June

- 1일 | 금석합金石合 • 214
- 2일 | 토사부여라兎絲附如蘿 • 213
- 3일 | 일세단생一世單生 • 212
- 4일 | 월옥몽난성月屋夢難成 • 211
- 5일 | 화산지관華山之冠 • 210
- 6일 | 수정불요守正不撓 • 209
- 7일 | 목소반木小盤 • 208
- 8일 | 금란지우金蘭之友 • 207
- 9일 | 토사자박吐絲自縛 • 206
- 10일 | 일락서산日落西山 • 205
- 11일 | 월인석보月印釋譜 • 204
- 12일 | 화개화사花開花謝 • 203
- 13일 | 수순중생隨順衆生 • 202
- 14일 | 목설죽두木屑竹頭 • 201
- 15일 | 금장수구錦章繡句 • 200
- 16일 | 토구土球 • 199
- 17일 | 일념불생一念不生 • 198
- 18일 | 월경척후越境斥候 • 197
- 19일 | 화불망지禍不妄至 • 196
- 20일 | 수은망극受恩罔極 • 195
- 21일 | 목장지폐 인장지덕 • 194
- 22일 | 금치산자禁治産者 • 193
- 23일 | 토악거사討惡去邪 • 192
- 24일 | 일일천추一日千秋 • 191
- 25일 | 월대식月帶蝕 • 190
- 26일 | 화관모속華菅茅束 • 189
- 27일 | 수악왕 작구함천헌 • 188
- 28일 | 목가적牧歌的 • 187
- 29일 | 금언金言과 명구名句 • 186
- 30일 | 토매인土昧人 • 185

7월 July

- 1일 | 일언반구 一言半句 • 184
- 2일 | 월장경 月藏經 • 183
- 3일 | 화신백화점 和信百貨店 • 182
- 4일 | 수급불류월 水急不流月 • 181
- 5일 | 목격담 目擊談 • 180
- 6일 | 금강역사 金剛力士 • 179
- 7일 | 토관직 土官職 • 178
- 8일 | 일면여구 一面如舊 • 177
- 9일 | 월금 月琴 • 176
- 10일 | 화복무문 유인소소 • 175
- 11일 | 수도지위교 修道之謂敎 • 174
- 12일 | 목사 牧使 • 173
- 13일 | 금슬상화 琴瑟相和 • 172
- 14일 | 토심 吐心 • 171
- 15일 | 일념발기 一念發起 • 170
- 16일 | 월식세성 月食歲星 • 169
- 17일 | 화복동문 禍福同問 • 168
- 18일 | 수성화 水性花 • 167
- 19일 | 목실 木實 • 166
- 20일 | 금작화 金雀花 • 165
- 21일 | 토마스 에디슨 • 164
- 22일 | 일주문 一柱門 • 163
- 23일 | 월범진성 月犯鎭星 • 162
- 24일 | 화갱 和羹 • 161
- 25일 | 수도동귀 殊途同歸 • 160
- 26일 | 목소장 木梳匠 • 159
- 27일 | 금련보 金蓮步 • 158
- 28일 | 토성 土聲 • 157
- 29일 | 일길신량 日吉辰良 • 156
- 30일 | 월오성능범 月五星凌犯 • 155
- 31일 | 화안금정 火眼金睛 • 154

8월 August

- 1일 | 수차매목 手遮妹目 • 153
- 2일 | 목여심적 目與心寂 • 152
- 3일 | 금잔은대 金盞銀臺 • 151
- 4일 | 토원 土垣 • 150
- 5일 | 일진법계 一眞法界 • 149
- 6일 | 월출천개안 月出天開眼 • 148
- 7일 | 화방 花房 • 147
- 8일 | 수심정기 守心正氣 • 146
- 9일 | 목매 木魅 • 145
- 10일 | 금장옥액 金漿玉液 • 144
- 11일 | 토호열신 土豪劣紳 • 143
- 12일 | 일천 日天 • 142
- 13일 | 월외송 月外松 • 141
- 14일 | 화남 和南 • 140
- 15일 | 수우죽백 垂于竹帛 • 139
- 16일 | 목문 木紋 • 138
- 17일 | 금지부득 禁之不得 • 137
- 18일 | 토목향 土木香 • 136
- 19일 | 일일지아 一日之雅 • 135
- 20일 | 월명년 越明年 • 134
- 21일 | 화무일어다정밀 • 133
- 22일 | 수상포덕 守常抱德 • 132
- 23일 | 목련잠 木蓮簪 • 131
- 24일 | 금년사거년 今年似去年 • 130
- 25일 | 토목 吐木 • 129
- 26일 | 일전여명 一錢如命 • 128
- 27일 | 월화문 月華門 • 127
- 28일 | 화궁 花宮 • 126
- 29일 | 수후누 隨後婁數 • 125
- 30일 | 목련소문경 目連所問經 • 124
- 31일 | 금지지우필추 禽之止羽必墜 • 123

9월 September

- 1일 | 토조土調 • 122
- 2일 | 일동마련一同磨鍊 • 121
- 3일 | 월기부해음月旣不解飮 • 120
- 4일 | 화노花奴 • 119
- 5일 | 수시여전受施如箭 • 118
- 6일 | 목연지효가目蓮至孝歌 • 117
- 7일 | 금탕지고 비속불수 • 116
- 8일 | 토마스 풀러 • 115
- 9일 | 일다경一茶頃 • 114
- 10일 | 월명부인月明夫人 • 113
- 11일 | 화성추월華星秋月 • 112
- 12일 | 수레국화菊花 • 111
- 13일 | 목파조木波槽 • 110
- 14일 | 금문金文 • 109
- 15일 | 토목형해土木形骸 • 208
- 16일 | 일고경성一顧傾城 • 107
- 17일 | 월령의원月令醫員 • 106
- 18일 | 화해花蟹 • 105
- 19일 | 수부首府 • 104
- 20일 | 목자牧者 • 103
- 21일 | 금생고락今生苦樂 • 102
- 22일 | 토마스 풀러 • 101
- 23일 | 일단유급一旦有急 • 100
- 24일 | 월수불래月水不來 • 99
- 25일 | 화지畵紙 • 98
- 26일 | 수심이어취水深而魚娶 • 97
- 27일 | 목산마木散馬 • 96
- 28일 | 금불엄좌 기중토개 • 95
- 29일 | 토모土茅 • 94
- 30일 | 일진청풍一陳淸風 • 93

10월 October

- 1일 | 월도月度 • 92
- 2일 | 화악花萼 • 91
- 3일 | 수초황엽일樹初黃葉日 • 90
- 4일 | 목장牧杖 • 89
- 5일 | 금석하석今夕何夕 • 88
- 6일 | 토악지로吐握之勞 • 87
- 7일 | 일지춘一枝春 • 86
- 8일 | 월상문月象文 • 85
- 9일 | 화개부동상花開不同賞 • 84
- 10일 | 수의야행繡衣夜行 • 83
- 11일 | 목당가지 • 82
- 12일 | 금풍옥로金風玉露 • 81
- 13일 | 토붕와해土崩瓦解 • 80
- 14일 | 일촌단심一寸丹心 • 79
- 15일 | 월록越祿 • 78
- 16일 | 화천대유火天大有 • 77
- 17일 | 수위위지誰爲爲之 • 76
- 18일 | 목병木柄 • 75
- 19일 | 금의일식錦衣一食 • 74
- 20일 | 토만두土饅頭 • 73
- 21일 | 일중즉이 월만즉휴 • 72
- 22일 | 월운月運 • 71
- 23일 | 화갑지주華甲之週 • 70
- 24일 | 수중지왕獸中之王 • 69
- 25일 | 목연木硯 • 68
- 26일 | 금일잔화 작일개 • 67
- 27일 | 토성습보土城習步 • 66
- 28일 | 일구양시一口兩匙 • 65
- 29일 | 월채越採 • 64
- 30일 | 화산花山 • 63
- 31일 | 수욕정이풍부지 • 62

11월 November

- 1일 | 목단화牧丹花 • 61
- 2일 | 금전두錦纏頭 • 60
- 3일 | 토화土話 • 59
- 4일 | 일의전심一意專心 • 58
- 5일 | 월삭越朔 • 57
- 6일 | 화성化成 • 56
- 7일 | 수여산 부여해 • 55
- 8일 | 목민지관牧民之官 • 54
- 9일 | 금옥기질金玉其質 • 53
- 10일 | 토척土瘠 • 52
- 11일 | 일개야생一介野生 • 51
- 12일 | 월소越訴 • 50
- 13일 | 화혈도火血刀 • 49
- 14일 | 수오지심羞惡之心 • 48
- 15일 | 목적소설目的小說 • 47
- 16일 | 금풍요뇨金風嫋嫋 • 46
- 17일 | 토머스 칼라일 • 45
- 18일 | 일월명현日月明顯 • 44
- 19일 | 월위우주촉月爲宇宙燭 • 43
- 20일 | 화겸치락和謙致樂 • 42
- 21일 | 수천만인오왕雖千萬人吾往 • 41
- 22일 | 목석연木石然 • 40
- 23일 | 금여고今如古 • 39
- 24일 | 토박土薄 • 38
- 25일 | 일개공一漑功 • 37
- 26일 | 월세계月世界 • 36
- 27일 | 화천禍泉 • 35
- 28일 | 수수허리須須許理 • 34
- 29일 | 목정木釘 • 33
- 30일 | 금하엽배金荷葉杯 • 32

12월 December

- 1일 | 토심討尋 • 31
- 2일 | 일일난재신一日難再晨 • 30
- 3일 | 월경月頃 • 29
- 4일 | 화신花晨 • 28
- 5일 | 수희지루隨喜之淚 • 27
- 6일 | 목적세目的稅 • 26
- 7일 | 금세과보今世果報 • 25
- 8일 | 토풍土風 • 24
- 9일 | 일준제사생一樽齊死生 • 23
- 10일 | 월침月沈 • 22
- 11일 | 화신가락和信家樂 • 21
- 12일 | 수심가지 인심난지 • 20
- 13일 | 목광目光 • 19
- 14일 | 금심수구錦心繡口 • 18
- 15일 | 토만Toman • 17
- 16일 | 일기지욕己之慾 • 16
- 17일 | 월작운간경 풍위죽리금 • 15
- 18일 | 화형花兄 • 14
- 19일 | 수향입향隨鄕入鄕 • 13
- 20일 | 목영目迎 • 12
- 21일 | 금선金仙 • 11
- 22일 | 토사간지림土沙杆止林 • 10
- 23일 | 일물부지一物不知 • 9
- 24일 | 월명천月明天 • 8
- 25일 | 화중지왕花中之王 • 7
- 26일 | 수화 불상용水火不相容 • 6
- 27일 | 목연와木煉瓦 • 5
- 28일 | 금옥金屋 • 4
- 29일 | 토연말吐涎沫 • 3
- 30일 | 일두 합자연斗合自然 • 2

월월이청청 月月而淸淸

January 01

❤ **월**요일, 월월이청청月月而淸淸이란 달 밝은 밤에 청순한 처녀들이 노는 것을 말합니다.

⭐ '잘 가, 잘 살아' 할 때 '잘'이라는 말은 시냇물이 흘러가는 모습에서 유래由來된 말입니다.
맑고 깨끗한 계곡물이 졸졸졸 소리를 내며 흐르다가 마을을 지나고 다리 밑을 지날 때는 시냇물이 잘잘잘 흐른다고 하여 생겨난 것입니다.

🍀 꿈은 곧 삶의 힘이자 인생人生의 가장 큰 희망希望입니다.

❤ 감사합니다. ❤ 고맙습니다. ❤ 사랑합니다.

1 January 02 화개만고지 花開滿故枝

❤️ **화**요일, 화개만고지花開滿故枝란 겨울 동안 앙상하던 나무에도 때가 오면 꽃이 핀다는 뜻입니다.

⭐ 말 한마디가 곧 우리의 인생人生입니다.
좋은 말을 하면 좋은 사람이 되고, 아름다운 말을 하면 아름다운 사람이 되니까요.

🍀 나를 바꿀 순 없지만, 생각은 바꿀 수 있습니다. 그리고 결과結果의 시작始作은 생각에서 이루어집니다.

1 January 03 수선리만물 水善利萬物

💗 **수**요일, 수선리만물 水善利萬物이란 물은 세상에 있는 모든 것을 이롭게 한다는 뜻입니다.

⭐ 인도말에 의하면 '청소부 清掃夫'와 '성자 聖者'라는 말의 어원은 같다고 했습니다.
- 얼굴을 청소하는 것은 세수 洗手
- 몸을 청소하는 것은 목욕 沐浴
- 사회를 청소하는 것은
  공중도덕 公衆道德
- 나라를 청소하는 것은 선거 選擧
- 마음을 청소하는 것은
  긍정적 肯定的인 생각입니다.

🍀 존경 尊敬받고 싶으면 명예 名譽, 돈, 권력 權力이 아니라 인격 人格을 쌓아야 합니다.

💗 감사합니다. 💗 고맙습니다. 💗 사랑합니다.

1 January 04 목전 木栓

♥ **목**요일, 목전木栓이란 코르크로 만든 마개를 말합니다.

⭐ 서양에서 십자가+字架는 죄인罪人을 사형시키는 사형틀이며 '죽음'의 상징象徵입니다. 그래서 사람들이 기피하게 되었습니다. 유대인 사학자인 아이젠 슈타트가 한국을 방문했을 때 도시 밤하늘에 가득한 붉은 십자가를 보고 큰 충격衝擊을 받았다고 했습니다.

우리나라에서 교회를 지을 때 십자가 탑부터 세우는 버릇은 미국의 Puritan(청교도)이 하던 관습慣習입니다. 청교도에서 십자가 탑을 세우는 것은 십자가 탑 자체보다 '종鐘'을 매달기 위함이었는데, 지금은 종鐘은 사라지고 십자가 탑만 남아 있습니다.

🍀 긍정적인 생각으로 시작하면 이미 절반은 이룬 것입니다.

1 January 05 | 금수능라 錦繡綾羅

❤️ **금**요일, 금수능라錦繡綾羅란 비단의 한 종류種類입니다.

⭐ 가톨릭 성당聖堂에서 십자가 탑에 종鐘을 매다는 이유는 아무리 탑塔을 높게 하여 올라가 보아도 하느님을 만날 수 없어 종을 쳐서 하느님께 찾아뵈러 간다고 알리기 위함에서 시작되었습니다.

🍀 손이 아무리 커도 베풀줄 모르면 미덕美德의 수치羞恥요, 발이 아무리 넓어도 머무를 곳이 없으면 부덕不德의 수치입니다.

1 January 06 | 토수吐秀

♥ **토**요일, 토수吐秀란 문학·예능 분야에서 이름을 떨칠 수 있는 사주四柱를 말합니다.

⭐ 친절親切에도 등급等級이 있습니다.
- 하품下品은 대가代價를 바라고 하는 친절이고,
- 중품中品은 상대방을 의식意識하면서 하는 친절이며,
- 상품上品은 자신도 모르게 몸에서 우러나오는 친절을 말합니다.

🍀 열심히 사는 사람에게 매력魅力을 느끼는 것은 외모外貌가 아니라 영혼靈魂이 아름답기 때문입니다.

1 January 07 일배一杯

💗 **일**요일, 일배一杯란 한 잔의 술을 말합니다.

⭐ 피라미드가 이집트 왕의 거대한 무덤이듯이, 세계 4대 성인 聖人인 공자, 석가모니, 마호메트, 예수의 무덤을 살펴보면,
- 중국中國 산동성山東省에는 공자와 그 가족의 무덤인 공림 孔林이 있는데 이는 세계 최대의 가족무덤이며,
- 인도印度의 아소카왕은 인도 전역에 8만4천 개의 탑塔을 쌓아 석가모니釋迦牟尼의 유골遺骨을 가루로 만들어 그 안에 안치하였으니, 말하자면 절에 있는 탑은 석가모니의 무덤인 셈이며,
- 이슬람교의 창시자創始者인 마호메트 무덤은 '메디아'에 있습니다.
- 그런데 예수의 무덤만 없습니다. 이것은 기독교基督敎가 살아있는 '생명生命의 종교宗敎'이기 때문입니다.

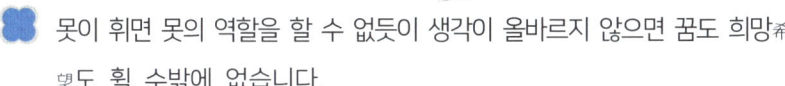

🍀 못이 휘면 못의 역할을 할 수 없듯이 생각이 올바르지 않으면 꿈도 희망希 望도 휠 수밖에 없습니다.

1 January 08 월주기성 月周期性

❤️ **월**요일, 월주기성月周期性이란 달의 주기에 맞대응하는 생물의 활동 주기를 말합니다.

⭐ 독서는 정신 운동입니다.
한 시간 독서讀書로 누그러지지 않은 걱정은 결코 없으니까요.

🔷 사랑은 이별離別의 시간時間이 오기 전까지 그 깊이를 알지 못합니다.

화득신이치 火得薪而熾

January 1 / 09

♥ **화**요일, 화득신이치火得薪而熾란 불은 잎나무를 얻고야 활활 탄다는 뜻으로, 때를 만나야 영화榮華롭게 된다는 것입니다.

⭐ 무엇을 채울지 고민苦悶하지 말고 무엇을 비우고 버릴지 생각하다 보면 삶의 여유餘裕가 생기게 됩니다.

✤ 사람들의 비교比較하고픈 마음이 모방模倣을 만들었습니다.

♥ 감사합니다. ♥ 고맙습니다. ♥ 사랑합니다.

1
January
10 수채收採

❤ **수**요일, 수채收採란 인재를 뽑아 쓰는 것을 말합니다.

⭐ 눈과 귀로 보고 듣고 배운 것을 모두 믿어서는 안 됩니다.
보고 들은 것은 반드시 한계限界가 있습니다.
스스로 움직여서 알아내고 이해理解를 해야 합니다.
특히 보고報告에 의지依支하지 마십시오.
인간人間은 말장난이 심한 동물動物입니다.
자기에게 유리有利한 대로 이야기하니까요.

❀ 집착執着은 개도 싫어합니다. 내 것이라는 집착執着이 걱정과 근심을 데리고 오니까요.

1 / January 11 목양관牧養官

♥ **목**요일, 목양관牧養官이란 목장에 관한 일을 맡아보던 감독관監督官을 말합니다.

⭐ 베토벤, 니체, 박인환, 소설가 김유정 그들은 단지 신神으로부터 재능才能을 받았다는 이유 하나로 무시무시한 고통苦痛의 세금稅金을 운명運命에 바친 사람들입니다.

🍀 질병疾病의 이름은 천 가지도 넘지만, 건강健康은 오직 하나뿐입니다.

1 / January 12 금린옥척 錦鱗玉尺

❤️ **금**요일, 금린옥척錦鱗玉尺이란 아름답고 맛도 좋으며 크기가 한 자(약 30cm)가량 되는 물고기를 말합니다.

⭐ 행복幸福하고 싶으면 얼굴만 화장化粧하지 말고 마음까지 화장해야 합니다. 마음까지 화장하는 사람은 행복하지만, 얼굴만 화장하는 사람은 불행不幸이 따라다닙니다.

🍀 무식無識이라는 이름의 집에는 당신의 영혼靈魂을 비추어 볼 거울이 없습니다.

1 January 13 토무이왕 土無二王

❤️ **토**요일, 토무이왕土無二王이란 땅에는 두 임금이 없다는 뜻입니다. 이와 유사한 의미의 고사성어를 살펴보면,
- 천무이일 天無二日 : 하늘에는 두 태양이 없으며
- 가무이주 家無二主 : 집안에는 두 어른(주인)이 없고,
- 존무이상 尊無二上 : 지존至尊에는 두 우두머리(윗사람)가 없습니다.

⭐ 육류肉類를 소화消化시키는 데는 72시간이 걸립니다. 초식동물인 오랑우탄은 하루 6시간 잠睡眠을 자지만, 육식동물인 사자는 20시간이나 잠을 잡니다. 그래서 육식이 최고의 에너지 약탈자掠奪者입니다. (건강을 위하여 지나친 육식을 삼가합시다)

🍀 프로는 몸으로 행동行動하고 몸으로 실천實踐하는 전문직입니다.

1 January 14 일언거사 一言居士

❤️ **일**요일, 일언거사一言居士란 말참견을 썩 좋아하는 사람을 말합니다.

⭐ **공부工夫할 때**
- 공工은, 일 중에 너무나 힘들다는 공장工場 현장의 근로자勤勞者들이 몸으로 하는 일을 말하며,
- 부夫는, 일 중에 가장 힘들다는 농부農夫들의 농사짓는 일을 말합니다.

즉, 몸으로 직접 부딪쳐 일하는 공장 근로자의 '공工'자와 일 중에 가장 힘들다는 농사를 짓는 농부의 '부夫'자를 합쳐 놓은 것이 바로 공부工夫입니다.

🍀 사랑은 계절季節의 도움 없이도 자라나 스스로 피는 유일唯一한 꽃입니다.

1 January 15 월상루月上樓

💗 **월**요일, 월상루月上樓란 신라시대 궁궐에 있었던 누각樓閣의 하나입니다.

⭐ **행운의 숫자 7의 얽힌 사연 1**
기독교에서 '7'자를 행운幸運의 수로 여기는 이유는 하늘의 완전한 수 3(성부, 성자, 성령)과 지상의 완전한 수 4(동, 서, 남, 북)를 합친 숫자가 7이기 때문입니다.

🔹 사랑과 이별離別 사이에 존재存在하는 것을 우리는 세월歲月이라고 부릅니다.

1 January 16 화목지요 花木之妖

❤️ **화**요일, 화목지요花木之妖란 모란꽃이 때때로 변색하는 것을 말합니다.

⭐ **행운의 숫자 7의 얽힌 사연 2**

서양 문명의 뿌리가 되는 기독교基督教에서 한 주週가 7일이 된 것은 하나님의 산물產物이라고 생각하고 있습니다. 6일 동안 천지天地를 창조創造하고 7일째 쉬었다는 것과 노아에게 홍수를 예고할 때도 홍수가 나기 7일 전에 정결淨潔한 지상의 동물 7쌍과 하늘을 나는 새 7쌍을 데리고 방주方舟에 들어가라고 명한 것에서도 그 연유緣由를 찾을 수 있습니다.

🍀 잘 살다 가는 것도 실력實力입니다.

1 / January / 17
수로만리 水路萬里

♥ **수**요일, 수로만리水路萬里란 머나먼 뱃길을 말합니다.

⭐ **행운의 숫자 7의 얽힌 사연 3**
미국美國의 2달러 지폐紙幣를 지니고 있으면 좋은 운運이 온다고 하는 이유는 2달러 지폐에는 행운幸運을 상징象徵하는 네잎 클로버가 7개 들어있기 때문입니다.

🍀 세상世上에는 슬픈 일보다 기쁜 일이 더 많기 때문에 우리는 웃으면서 사는 것입니다.

January 18 목심木心

❤️ **목**요일, 목심木心이란 나무줄기의 한가운데에 있는 연한 부분을 말합니다.

⭐ **행운의 숫자 7의 얽힌 사연 4**

미국美國의 여배우 그레이스 켈리가 1960년에 영화映畵 '상류사회'에 같이 출연했던 프랭크 시나트라로 부터 네 잎 클로버가 7개 들어있는 2달러 지폐紙幣를 선물로 받은 후 모나코의 왕비王妃가 되자, 2달러 지폐가 행운幸運의 아이콘으로 널리 알려져 너나 할 것 없이 몸에 지니거나 지갑紙匣에 보관保管하게 되었습니다.

🍀 성공하려면 성실誠實해야 합니다. 남과 견줄 수 없는 성실함으로 무장武裝해야 성공할 수 있습니다.

1 January 19 금부도사禁府都事

❤️ **금**요일, 금부도사禁府都事란 의금부의 책임을 맡은 벼슬아치를 말합니다.

⭐ **행운의 숫자 7의 얽힌 사연 5**
말馬의 전용 신발인 '편자'를 집안에 두면 행운幸運이 들어온다는 서양 속담에 의하면,
- 편자를 말발굽에 붙일 때 행운의 숫자인 7개의 못을 박는다는 것
- 말은 절대 사람을 밟고 지나가지 않는다는 것
- 편자를 불에 달궈 말의 발에 붙이는데도 말이 뜨거움을 전혀 느끼지 못한다는 신비함
- 'U'자형 편자가 보호 신神의 상징象徵인 물소 뿔과 이미지가 같다는 것
- 편자의 주재료主材料가 악령惡靈을 물리친다고 여겨지는 쇳조각이라는 것에서 유래 되었습니다.

🍀 "시작이 반이다"라는 말은 아리스토텔레스가 한 말입니다.

1
January
20
토주관 土主官

♥ **토**요일, 토주관土主官이란 백성百姓이 자기 고을의 원員님을 이르는 말입니다.

⭐ **럭키 세븐(lucky 7)의 유래**
'7'자는 기독교에 의해 이미 행운의 숫자로 널리 알려졌지만, 1885년 9월 30일 미국 프로야구 메이저리그에서 시카고 화이트삭스가 7회 공격攻擊을 할 때 갑자기 강풍이 불어와 평범한 플라이 볼이 홈런이 되었는데, 이때부터 럭키 세븐(lucky 7)이란 말이 탄생誕生하게 되었습니다.

🍀 교육敎育의 목적目的은 인격人格의 형성形成입니다.

1 January 22 월하月下

❤️ **월**요일, 월하月下란 달빛 아래란 뜻입니다.

⭐ **'동숙의 노래' 속 기막힌 사연**

1960년대 어려운 시절 동숙은 초등학교를 졸업하자마자 구로공단 가발공장에 취직就職하여 시골에 계시는 부모님과 동생들을 위해  매달 월급月給을 보내야 했습니다. 선생님이 꿈이었던 그는 종로에 있는 학원에 다니면서 학원 선생님을 사랑하게 되었고, 마침내 그에게 몸과 마음은 물론 적금까지 털어서 선생님의 아버지 병원비를 지불하였지만, 선생님은 동숙을 배신背信하고 다른 여자와 결혼하겠다고 하자, 그녀는 배신감을 참지 못하여 비수匕首로 선생을 찌르고 말았습니다. 경찰서에서 조사調査받으면서도 오직 선생님 걱정만 하는 동숙의 사연事緣이 사랑의 수기로 잡지에 실리자, 그 사연을 한산도 작사, 백성호 작곡, 문주란이 18세 때 불러 히트한 노래가 바로 '동숙의 노래'입니다.

❀ 교만驕慢은 지혜智慧의 방해물妨害物입니다.

1 / January 21 | 일어상인 一語傷人

❤️ **일**요일, 일어상인一語傷人이란 말 한마디가 사람을 다치게 한다는 뜻입니다.

⭐ **중국中國에서 7자를 싫어하는 이유**

중국에서는 7의 발음인 '치'〈生氣, 성치〉가 화怒를 낸다는 발음과 같다고 하여 싫어합니다.

중국인이 가장 좋아하는 숫자는 8인데, 8의 발음 '빠'는 돈을 모은다는 〈發財, 파차이〉의 '파' 발음과 비슷하기 때문입니다. 그래서 지난 2008년 베이징 올림픽 개회식開會式을 8월 8일 오후 8시 8분에 열었던 것입니다. 중국인들은 아직도 8이 두 개나 겹친 1988년 서울 올림픽을 부러워하고 있으며, 제주도와 중국을 오고 가는 항공편航空便에 8을 넣어서 8989편, 8988편으로 이름하고 있습니다.

🍀 욕심慾心이 없는 사람에게는 마음의 고통苦痛이 존재하지 않습니다.

1
January
23 화실상칭 華實相稱

♥ **화**요일, 화실상칭華實相稱이란 화려함과 성실함이 서로 일치一致한다는 뜻으로, 선비가 갖추어야 할 도리道理 또는 면모面貌를 말합니다.

⭐ 사람들에게는 잘 변變하지 않는, 지나치게 일반화一般化된 단순한 생각이 있습니다. 우리는 그것을 '고정관념固定觀念'이라고 합니다.

🍀 신神은 인간의 의지意志를 단련鍛鍊시키기 위해 인생人生 곳곳에 고난苦難이라는 장애물障碍物을 설치해 두었습니다.

1 January 24 수두상기 垂頭喪氣

❤️ **수**요일, 수두상기垂頭喪氣란 근심 걱정으로 사기(士氣)가 완전히 꺾인 것을 말합니다.

⭐ 다비드상은 이탈리아의 조각가彫刻家인 미켈란젤로 부오나로티의 작품作品으로 유명합니다.
다비드상은 구약성서舊約聖書에 나오는 거인 골리앗Goliath을 쓰러뜨린 소년 영웅 다윗David을 표현表現한 것입니다.

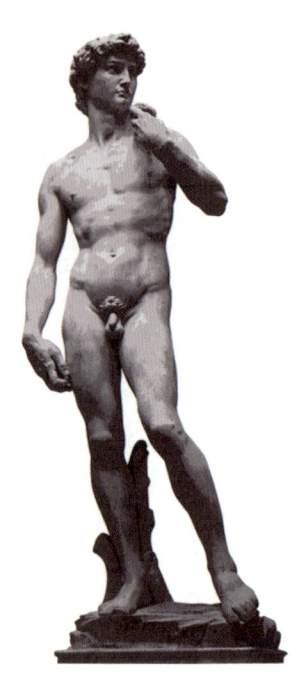

🍀 황진이가 시대時代를 뛰어넘어 유명有名해진 이유는 당시 남자들도 하지 못했던 시대의 부조리不條理와 맞서 싸웠기 때문입니다.

1 January 25 — 목단 目斷

❤️ **목**요일, 목단目斷이란 시력視力이 미치지 못하는 것을 말합니다.

⭐ **황진이의 출생 비밀**

황진이黃眞伊 어머니는 처녀의 몸으로 사랑하던 황씨 집안 총각의 아이를 임신하게 되자, 낙태落胎하려고 독초毒草를 구해 먹고 그만 잘못되어 눈이 멀고 말았습니다. 사랑하는 남자의 출세를 위해 모르는 사람에게 겁탈劫奪을 당했다고 집안과 동네 사람들에게 끝까지 거짓말을 하였지만, 결국 황진이가 태어나자, 자신은 거짓말을 하면서 살아왔으니 너만은 진실眞實하게 살아달라고 이름을 진이眞伊라 지었다고 합니다.

🍀 눈물은 눈의 고상高尚한 언어言語입니다.

1 / January 26 　금수장박錦繡帳縛

❤️ **금**요일, 금수장박錦繡帳縛이란 수놓은 비단緋緞으로 만든 장막을 말합니다.

⭐ **황진이의 의미심장**意味深長**한 유언**

"나는 천하의 남자들을 사랑하기 위해 스스로 자애自愛할 수 없어 마침내 이 지경에 이르렀으니, 내가 죽거든 금수錦繡도 관棺도 씌우지 말고  옛 동문 밖 물가 모래밭에 시신屍身을 버려 주십시오. 개미, 땅강아지, 여우, 살쾡이에게 내 살을 뜯어 먹게 하여 세상 사람들로 하여금 나 같은 사람을 경계境界하도록 해야 합니다."

그의 유언遺言에 따라 동문 밖 물가에 시신을 버렸지만, 그녀를 진실眞實로 사랑했던 당대 최고最高의 문장가文章家 소세양蘇世讓이 그를 거두어 주었습니다.

🍀 여자女子의 지옥地獄은 늙음입니다.

1 January 27 토항土炕

♥ **토**요일, 토항土炕이란 방구들 즉, 온돌방을 말합니다.

⭐ 남이 나를 비판批判할 때 괴로워하기 때문에 상처傷處를 입는 것이지 웃어넘기면 상처를 입지 않습니다.
비판하는 것은 상대의 몫이고, 웃어버리는 것은 나의 몫이니까요.

✿ 종교宗敎는 마음속에 있는 것이지 무릎 속에 있는 것이 아닙니다. 무릎 꿇고 기도祈禱하지 말고 마음을 담아 기도하십시오.

1 January 28 일휘소탕혈염산하一揮掃湯血染山河

♥ **일**요일, 일휘소탕혈염산하一揮掃湯血染山河란 한 번 칼을 휘두르니 피가 강산을 물들인다는 뜻으로, 1598년 11월 19일 세상을 떠난 이순신 장군의 지휘검指揮劍에 새겨져 있던 문구입니다.

⭐ 우리 삶의 모든 무게와 근심 걱정 및 고통苦痛으로부터 해방解放시키는 하나의 낱말이 있다면 그것은 바로 사랑입니다.

❀ 여자의 인품人品은 훌륭한 결혼 지참금持參金입니다.

1 January 29 월진越津

❤️ **월**요일, 월진越津이란 나루를 건넌다는 뜻입니다.

⭐ 전 세계 인구 75억 2천만 명 중
- 기독교 21억 7천만 명
- 무슬림 15억 9천만 명
- 힌두교 10억 3천만 명
- 불교 4억 8천만 명
- 민속종교 4억 5백만 명
- 무교 11억 2천만명
- 남묘호렌게쿄, 천리교 등 기타 종교宗敎 7억 2천 5백만 명
- 석가모니(80세 입적, 入寂)
- 공자(72세 영면, 永眠)
- 예수(33살 소천, 召天)
- 마호메트(62세 승천, 昇天)

 혼자 생각하는 것은 기억記憶이고, 함께 생각하는 것은 추억追憶입니다.

1 January 30 화동주렴畵棟朱簾

❤️ **화**요일, 화동주렴畵棟朱簾이란 채색彩色한 서까래와 아름다운 붉은 발簾이란 뜻으로, 훌륭한 집을 말합니다.

⭐ 국어사전 집필 도중!
함께 집필하던 사람들이 '개새끼'를 '강아지'로 정리하려고 하자, 화火가 난 최현배 선생께서 "강아지는 우리나라 말로 개새끼다"라고 외치면서 밖으로 뛰쳐나갔다는 사실. 멍멍~ 왈왈

🍀 말은 기술技術이 아니라, 마음과 마음이 전하는 예술藝術입니다.

1 / January 31 — 수하차로 노불차수 水下借路 路不借水

💗 **수**요일, 수하차로 노불차수水下借路 路不借水란 무심히 흐르는 물의 모습을 말합니다.

⭐ 내 눈에 보인다고 하는 것은 가까이 있는 것입니다. 먼 것은 잘 보이지 않습니다. 자꾸 거짓이 보인다면 내가 거짓에 가까이 있다는 것이고, 자꾸 교만이 보인다면 내가 교만에 가까이 있다는 것입니다.

🍀 비雨는 떠난 사람을 원망怨望하게 하고, 눈雪은 잊어버린 사람을 생각나게 합니다.

2 February 01 목퇴木槌

♥ **목**요일, 목퇴木槌란 나무망치를 말합니다.

⭐ 천의무봉天衣無縫이란 천사의 옷은 꿰맨 흔적이 없다는 뜻으로, 꾸밈이 없이 자연 그대로의 아름다움 또는 완전무결하여 흠이 없다는 것을 말합니다.

🍀 기도祈禱는 비는 것이 아니라 비우는 것입니다.

금강불괴 金剛不壞

♥ **금**요일, 금강불괴金剛不壞란 아주 견고한 불심佛心을 말합니다.

⭐ 군주君主에게 큰 잘못이 있으면 고치도록 직언直言하고, 되풀이해서 직언하여도 듣지 않으면 군주를 바꿔야 한다.

— 맹자 —

🍀 꿈과 이상理想을 저버릴 때 우리는 늙어 갑니다. 세월은 얼굴에 주름살을 남기지만 꿈과 이상을 잃으면 영혼靈魂에 주름을 남깁니다.

♥ 감사합니다. ♥ 고맙습니다. ♥ 사랑합니다. 333

2 February 03 토마스 풀러

♥ **토**요일, 토마스 풀러는 희망希望은 어떤 금액金額으로도 바꿀 수 없다고 했습니다.

⭐ 사람에겐 인품人品이 있고 말에는 언품言品이 있습니다. 품品자는 입구口가 셋 모여 이루어진 것으로, 곧 말이 쌓이고 쌓여 한 사람의 품격이 이루어진다는 뜻입니다.

🍀 계절季節은 신神의 등기우편물登記郵便物입니다.

일심일념 일심통천 一心一念 一心通天

♥ **일**요일, 일심일념 일심통천一心一念一心通天이란 한마음으로 바라고 생각하면 그 마음은 하늘로 통한다는 뜻입니다.

⭐ 사람에게 부딪혀 든 멍은 지워지지만, 사랑에 부딪혀서 든 멍은 쉽게 지워지지 않습니다.

✿ 목적目的 없이 읽는 책은 산책散策이지 독서讀書가 아닙니다.

2 February 05 | 월조평 月朝評

♥ **월**요일, 월조평月朝評이란 사람에 대한 평評을 말합니다.

⭐ 의사소통을 의미하는 단어 커뮤니케이션communication의 어원은 라틴어 코무니카레communicare로써, 공유하다 등의 뜻을 가지고 있습니다. 즉, 말은 혼자 할 수 있어도 소통은 혼자 할 수 없다는 것입니다.

🍀 윗사람에게 겸손謙遜한 것은 의무義務이고, 동료同僚에게 겸손한 것은 예의禮儀이며, 아랫사람에게 겸손한 것은 고귀高貴함입니다.

— 벤자민 프랭클린 —

2 February 06 — 화개화락무인견 花開花落無人見

❤️ **화**요일, 화개화락무인견花開花落無人見이란 꽃이 피고 져도 보아주는 사람이 없다는 뜻으로, 무관심한 것을 말합니다.

⭐ 이판사판理判事判은 불교 용어로써, 이판理判은 속세와 인연을 끊고 도를 닦는 스님을 말하며, 사판事判은 절의 재물과 사무를 맡아 수행하는 스님을 말합니다. 이판은 이판승, 이판중, 공부승이라 하고, 사판을 사판승, 사판중 또는 살림을 산다고 하여 살림승이라 하였습니다. 이 둘을 합하여 이판사판이 되었습니다.

✿ 음악音樂이 있는 곳에는 악惡이 들어설 자리가 없습니다.

2 February 07 | 수설수망 隨說隨忘

❤️ **수**요일, 수설수망隨說隨忘이란 이야기를 한 뒤 바로 잊어버리는 것을 말합니다.

⭐ 입안에는 말이 적고, 마음에는 욕심慾心이 적고, 뱃속에는 음식飮食이 적어야 몸도 마음도 건강健康해집니다.

🍀 맑은 거울은 못생긴 여자에게는 원수怨讐이고, 아름다운 여자에게는 애용품愛用品입니다.

2 February 08 목련木蓮

❤️ **목**요일, 목련木蓮의 꽃말은 고귀함입니다.

⭐ 소크라테스의 아내 '크산티페'가 제자들 앞에서 소크라테스를 큰 소리로 면박面駁주고 난 후 물벼락을 안기자, 소크라테스는 제자들에게 "잘 보셨지요. 천둥소리 뒤에는 항상 소나기가 쏟아지는 법입니다"라면서 시치미를 떼었다고 합니다.
악처惡妻의 대명사로 알려진 그녀의 잔소리가 소크라테스를 위대한 철학자哲學者로 만들었습니다.

🍀 국민國民의 소리는 하느님의 소리와 같다.   -신학자 앨퀸영국-

2 February 09 | 금수이적禽獸夷狄

♥ **금**요일, 금수이적禽獸夷狄이란 금수나 오랑캐와 같다는 뜻으로, 예의禮儀가 없는 인간을 말합니다.

⭐ 1321년 단테의 장편 서사시 신곡神曲「거룩한 노래」의 원래 제목은 비극悲劇으로 시작해서 희극喜劇으로 끝난다고 하여 '코메디아commedia, 희극'였습니다. 19년 동안 망명亡命길에서 쓴 장편 서사시敍事詩 코메디아를 일본의 작가 모리 오가이가 신곡神曲이란 제목으로 발표하자, 우리는 일본어日本語 표기表記를 그대로 따라 한 것입니다. 그리고 피란체의 사투리로 쓰여진 신곡이 이탈리아 사람들에게 너무나 많은 사랑을 받았기에 '피렌체의 사투리'가 지금의 이탈리아어가 되었습니다.

🍀 호랑이와 독사毒蛇보다도 사람의 입이 더 무섭습니다.
(자나 깨나 입조심)

2 February 10

토호兎毫

❤️ **토**요일, 토호兎毫란 토끼의 잔털이란 뜻으로, 토끼털로 모필毛筆을 만든 것에서 나온 말입니다.

⭐ **단테의 신곡에 등장하는 9단계 지옥**地獄
  - 1층 지옥: 고대인古代人과 타종교인他宗敎人, 아기 등 세례洗禮를 받지 못한 선善한 자들
  - 2층 지옥 : 색욕지옥色慾地獄, 간통姦通 등 색욕에 빠진 자들
  - 3층 지옥 : 폭음暴飮, 폭식暴食, 약물 중독에 빠진 자들
  - 4층 지옥 : 낭비浪費 지옥
  - 5층 지옥 : 분노憤怒 지옥
  - 6층 지옥 : 이단異端 지옥
  - 7층 지옥 : 폭력暴力 지옥
  - 8층 지옥 : 사기詐欺 지옥
  - 9층 지옥 : 배신背信 지옥

  단테는 인간에게 있어서 배신이 가장 저주詛呪받아야 할 행위行爲라면서 최고의 고통苦痛 지옥인 9층 지옥에 처박은 것입니다.

🍀 악惡은, 선善을 굶주림과 갈증渴症에 시달리게 하는 것입니다.

2 February 11 일두백미 一頭百味

❤️ **일**요일, 일두백미一頭百味란 한 마리에서 백 가지 맛이 나온다는 뜻으로, 한우韓牛를 말합니다.

⭐ 진정眞情한 종교宗敎는,
헌금獻金을 강요하고 극락極樂과 지옥地獄을 운운云云하면서 지구地球의 종말終末이 다가온다는 식으로 두려움을 심어주는 것이 아니라 삶의 아름다움을 깨닫게 해주는 것입니다.

🍀 태양太陽이 빛나고 있는 한, 희망希望은 언제나 우리 곁에서 빛나고 있습니다.

2 February 12 월상계택 月象谿澤

❤️ **월**요일, 월상계택月象谿澤이란 조선 선조 때 뛰어난 문장가였던 월사 이정구, 상촌 신흠, 계곡 장유, 택담 이식의 호號를 한 자씩 딴 것입니다.

⭐ 실패失敗하는 사람은 늘 고통苦痛 뒤에 숨어있고, 성공成功하는 사람은 늘 고통 앞에 서 있습니다.

🍀 남을 칭찬稱讚하고 존경尊敬해 주면 미담美談이 덕德으로 변變하여 덕담德談이 됩니다.

2 February 13 화수 花樹

❤️ **화**요일, 화수花樹란 꽃피는 나무를 말합니다.

⭐ "필사즉생 필생즉사 必死則生 必生則死" 즉, '반드시 죽고자 하면 살고, 반드시 살려고 하면 죽는다'라는 이 말은 우리 민족民族의 혼魂 이순신 장군이 명량 해전에서 왜놈들과 12대 133척이라는 열세劣勢에서 승리勝利로 이끌 때 부하 장졸들에게 피를 토하면서 외친 말입니다.

전방급 신물언아사 戰方急 愼勿言我死
전투가 급하니 내가 죽었다고 하지 말라. 1598년 11월 19일 충무공의 유언

🍀 잘 짖는다고 좋은 개犬가 아니듯, 말 잘한다고 현명賢明한 사람이 아닙니다.

2 February 14   수시반청 收視反聽

❤️ **수**요일, 수시반청收視反聽이란 물욕物慾에 마음이 쏠리지 않는다는 뜻입니다.

⭐ 남을 비난非難, 비방誹謗, 험담險談하는 것은 창조創造의 시간時間을 도적盜賊질하는 것이자, 부끄럽고 안타까운 짓입니다. 쓸데없이 떠들며 남 흉 보는데 쓰이는 에너지는 낭비浪費의 극치極致입니다.

🍀 구약 '잠언箴言' 제14장에 의하면, 질투嫉妬는 뼈를 썩게 한다고 합니다.

2 February 15 목우睦友

❤️ **목**요일, 목우睦友란 화목和睦한 형제를 말합니다.

⭐ 개犬에게 물린 사람은 반나절 치료治療하면 되고, 뱀蛇에게 물린 사람은 3일만 치료하면 되지만, 말言에 물린 사람은 평생平生 갑니다. (자나깨나 말조심)

🍀 토끼도 자꾸 때리면 문다고 했습니다. 인내忍耐에도 한계限界가 있다는 뜻입니다.

금년화락안개색 今年花落顔改色

❤️ **금**요일, 금년화락안개색今年花落顔改色이란 꽃은 지고 사람은 늙어 간다는 뜻입니다.

⭐ 가시 없는 장미薔薇는 없다고 했습니다.
아름답고 눈길을 끄는 것은 반드시 그 내면內面에 사람을 해치는 독소毒素를 지니고 있으니, 마음이 아닌 외모外貌만 아름다운 여인女人을 경계警戒하라는 뜻입니다.

🍀 거울은 사람의 모양模樣을 비추고 술은 사람의 마음을 비춥니다.

2 February 17 토주대감土主大監

❤️ **토**요일, 토주대감土主大監이란 터줏대감, 일명 지신대감地神大監을 말합니다.

⭐ 영국 속담俗談에 의하면,
황금黃金의 열쇠로 안 열리는 문門이 없다고 했습니다. 바로 돈의 위력威力은 만능萬能이라는 뜻이지요. 왠지 슬퍼집니다.

🍀 건강健康은 노동勞動에서 생기고, 만족滿足은 건강에서 생깁니다.

2 February 18 일덕일심 一德一心

♥ **일**요일, 일덕일심一德一心이란 임금과 신하臣下가 합심合心하여 일을 처리한다는 뜻입니다.

⭐ 행복幸福한 사람만이 다른 사람을 도울 수 있습니다. 왜냐하면 돕는다는 것은 행복의 기운氣運을 나누는 것이기 때문입니다.

🍀 음악音樂은 시각視覺에서 청각聽覺으로 번역飜譯된 무지개입니다.

2 February 19 월장越牆

❤️ **월**요일, 월장越牆이란 담을 넘는 것을 말합니다.

⭐ **미국의 주州 이름의 유래 1**
워싱턴Washington주는, 미국의 초대 대통령 '조지 워싱턴'을 기리기 위해 붙여진 이름입니다.

✿ 사랑을 갈망渴望하는 것은 혼자보다 둘이 있으면 덜 외롭기 때문입니다.

2 February 20 화압花押

❤️ **화**요일, 화압花押이란 문서 끝에 자기 이름을 쓰고 도장 대신 자필로 사인하는 것을 말합니다.

⭐ **미국의 주州 이름의 유래 2**
미시시피Mississippi주의 미시시피는, 인디언 말로 '물의 아버지'라는 뜻으로, 세계에서 세 번째로 긴 미시시피강이 이곳을 지나가기 때문에 붙여진 이름입니다.
로큰롤의 황제皇帝 '엘비스 프레슬리'와 토크 쇼의 여왕 '오프라 윈프리'의 고향이기도 합니다.

🍀 꽃은 꽃이 아니라 나무가 꿈꾸는 희망希望입니다.

2 February 21 수야모야誰也某也

♥ **수**요일, 수야모야誰也某也란 누구누구, 아무개 아무개란 뜻입니다.

⭐ **미국의 주州 이름의 유래 3**

텍사스Texas주의 텍사스는, 인디언 말로 '친구親舊'라는 뜻입니다. 아이젠하워, 존슨, 아들 부시 대통령이 이곳 출신입니다. 텍사스주 댈러스는 '케네디 대통령'이 암살暗殺당한 곳이기도 합니다.

🍀 말言은 깃털처럼 가벼워서 한번 쏟은 말은 주워 담기가 너무 힘듭니다.

-탈무드-

2 February 22 목중존 木中尊

♥ **목**요일, 목중존木中尊이란 박태기나무의 한 종류입니다.

⭐ **미국의 주州 이름의 유래 4**
　캘리포니아California주는 1535년 스페인의 탐험가探險家 코르테스가 '뜨거운 아궁이'라는 뜻의 스페인어語인 '칼리엔테 포르날리아caliente fornalia'라고 부른 데서 유래由來되었습니다. 골프의 황제 '타이거 우즈'의 고향故鄕이기도 합니다.

🍀 '사촌이 땅 사면 배 아프다'는 말은 일본인日本人들이 조선인朝鮮人들의 인격人格을 말살抹殺하기 위해 만든 날조捏造된 속담입니다.

2 February 23 | 금과옥조金科玉條

❤️ **금**요일, 금과옥조金科玉條란 금金이나 옥玉처럼 귀중히 여겨 꼭 지켜야 할 법칙法則이나 규정規定을 말합니다.

⭐ **미국의 주州 이름의 유래 5**

오하이오Ohio주의 오하이오는, 인디언 말로 '거대한 강'이라는 뜻으로, 발명왕發明王 '토머스 에디슨'의 고향故鄕이기도 합니다.

🍀 배우고자 하는 삶에는 반복反復이 없습니다. 늘 새로운 시작始作만 있을 뿐입니다.

312 그 입 다물라

토머스 오트웨이

February 2/24

♥ **토**요일, 토머스 오트웨이는 '큰 죄악은 여자에 의해서 이루어진다'고 했습니다.

⭐ **미국의 주州 이름의 유래 6**
켄터키Kentucky주의 켄터키는, 인디언의 말로 '내일의 땅'이라는 뜻의 켄타텐Ken-ta-ten에서 시작되었습니다.
'링컨 대통령'의 고향故鄕이자, 1893년에 생일축하곡 〈Happy birthday to you〉가 만들어진 곳입니다.

🍀 행복幸福을 원한다면 머리는 나중에 깎고 마음부터 깎아야 합니다.

♥ 감사합니다. ♥ 고맙습니다. ♥ 사랑합니다.

2 February 25
일존일망 一存一亡

❤️ **일**요일, 일존일망一存一亡이란 존재하기도 하고 멸망하기도 한다는 뜻입니다.

⭐ **미국의 주州 이름의 유래 7**

콜로라도Colorado주의 콜로라도는 강의 물빛이 붉다고 하여, '색칠되어 있다'를 뜻하는 스페인어에서 유래되었으며, 영어로 하면 'colored'입니다.

우주비행사宇宙飛行士로 달에 처음 착륙着陸한 닐 암스트롱이 이곳 출신입니다.

🍀 발견發見은 생각의 탄생誕生입니다. 모든 사람들이 보고도 생각하지 않는 것을 생각하는 것이 곧 발견이니까요.

2 February 26 월일月日

♥ **월**요일, 월일月日이란 달月과 태양太陽을 말합니다.

⭐ **미국의 주州 이름의 유래 8**

펜실베이니아Pennsylvania주는, 영국의 신대륙 개척자인 윌리엄 펜 제독提督이 영국 국왕 찰스 2세에게 북아메리카의 델라웨어 강 서안의 땅에 대한 지배권支配權을 허가許可받자, 본인의 이름인 '펜'과 숲이 많아서 숲의 땅이라는 뜻의 '실베이니아Sylvania'를 합하여 펜실베이니아라고 하였습니다. 제16대 대통령인 '에이브러햄 링컨'이 게티즈버그에서 "국민의, 국민에 의한, 국민을 위한 정부는 지상에서 절대 사라지지 않을 것이다"라는 유명한 연설을 남긴 곳이기도 합니다.

🍀 말에는 신분身分과 지위地位와 인품人品이 따라다니는 언품言品이 있습니다.

♥ 감사합니다. ♥ 고맙습니다. ♥ 사랑합니다.

2 February 27 화기소장 禍起蕭墻

❤️ **화**요일, 화기소장 禍起蕭墻이란 내부에서 재앙이 일어나는 것을 말합니다.

⭐ **미국의 주州 이름의 유래 9**

조지아 Georgia주는 영국英國의 국왕 조지 2세의 이름에서 따왔습니다. 땅콩과 복숭아가 특산물特産物이며, 1960년도 노벨 평화상 수상자이자 인권 운동가 '마틴 루터킹' 목사와 제39대 미국 대통령인 '지미 카터'(땅콩 농장 주인)의 고향故鄕이기도 합니다. 영화 '바람과 함께 사라지다'에 나오는 '타라 농장'도 바로 이곳에 있었습니다.

🍀 성격性格은 그 사람의 인생人生과 운명運命을 만듭니다.

2 February 28 수송산영 水送山影

💗 **수**요일, 수송산영水送山影이란 물을 보내고 산을 맞이한다는 뜻으로, 자연自然의 경치景致가 바뀜을 말합니다.

⭐ **미국의 주州 이름의 유래 10**
버지니아Virginia주는, '버진 퀸' 즉, 처녀 여왕이라고 불리는 영국의 엘리자베스 1세(평생 독신으로 살았음)를 기리기 위해 붙여진 이름입니다.
"자유自由가 아니면 죽음을 달라"고 외친 '패트릭 헨리'의 고향故鄕이기도 합니다.

🍀 속담俗談 한마디.
남편을 주인으로 섬기되, 배신자背信者처럼 경계하라

3 March 01 | 목지 牧地

❤️ **목**요일, 목지牧地란 가축을 방목하는 일정한 땅을 말합니다.

⭐ **미국의 주州 이름의 유래 11**

뉴욕New York주는 원래 네덜란드의 식민지植民地로 네덜란드 수도의 이름을 따서 뉴 암스테르담이라고 불렀던 곳입니다. 훗날 영국 국왕 찰스 2세가 점령한 후 차기 왕으로 즉위 예정이었던 자신의 동생 제임스 2세에게 그 땅을 주었는데 당시 제임스 2세는 '요크 공Duke of York'이라는 작위爵位가 부여되었기에 그의 이름을 따서 뉴욕New York이라 부르게 되었습니다.

'프랭클린 루즈벨트' 대통령, 농구 황제 '마이클 조던', 영화배우 '톰 크루즈', 석유왕 '록펠러' 등의 고향이기도 합니다.

🍀 어진 사람은 남을 사랑하고, 예의禮儀를 지닌 사람은 남을 공경恭敬한다.

금석상약 金石相約

♥ **금**요일, 금석상약金石相約이란 쇠나 돌처럼 굳고 변함없는 약속을 말합니다.

⭐ **미국의 주州 이름의 유래 12**
미네소타Minnesota주는 '하늘빛 강물'이라는 뜻으로, 미네소타(인디언 수족의 말) 강이 흐른다고 하여 주州의 이름이 된 곳입니다.
팝 가수 '밥 딜런', 여배우 '제시카 랭'의 고향故鄕이기도 합니다.

🍀 두려움은 질병疾病보다 더 깊은 죽음입니다.

3 March 03 토착화土着化

❤️ **토**요일, 토착화土着化란 어떤 제도나 풍습, 사상 등이 그 지방에 맞게 동화同化되어 뿌리를 내리게 된 것을 말합니다.

⭐ **미국의 주州 이름의 유래 13**
인디애나Indiana주는 '인디언의 땅'이라는 뜻입니다.
영원한 청춘스타 '제임스 딘'과 '마이클 잭슨'이 이곳 출신입니다.

💠 여자의 눈물에 슬퍼하거나 감동하지 마십시오. 신神은 여자의 눈을 울도록 만들었으니까요.

3 March 04 | 일거양전 一擧兩全

❤️ **일**요일, 일거양전一擧兩全이란 한 가지 일로 두 가지 일이 잘되게 한다는 뜻입니다.

⭐ **미국의 주州 이름의 유래 14**
매사추세츠Massachusetts주는, '거대한 산이 있는 곳'이라는 뜻의 인디언 말에서 비롯되었습니다.
이곳에는 하버드대, MIT 공대가 있으며 제35대 대통령 '존 F.케네디', 제41대 대통령 '조지 부시', 미국 역사상 가장 다재다능한 인물로 정치, 외교, 언론, 과학 등 다방면多方面에서 활약한 독학자獨學者 '벤저민 프랭클린', 세계적인 지휘자이자 작곡가 '레너드 번스타인'이 이곳 출신입니다.

💙 거리의 지혜智慧가 바로 속담俗談입니다.

3 March 05 월인안월 초인안초越人安越楚人安楚

❤️ **월**요일, 월인안월 초인안초越人安越楚人安楚란 사람은 누구나 자기 고향에서 편안히 살기를 원한다는 뜻입니다.

⭐ 성욕性慾은 사람에게 있어서 식욕食慾과 더불어 2대 본능적 욕구입니다.
진정으로 아내를 사랑한다면 자녀에게는 현모賢母, 남편에게는 양처良妻, 침실에서는 요부妖婦가 되도록 배려해 주어야 합니다. 그리고 성행위性行爲는 자손子孫을 번창繁昌시키고, 쾌락快樂을 느끼게 하며, 건강健康을 지켜주는 1석 3조의 장점을 가지고 있습니다.
열심히 사랑합시다. 우리!

🔷 질투嫉妬는 자기보다 우월한 사람을 증오憎惡하고 깎아내리는 또 하나의 악惡입니다.

3 March 06 화불손 밀득성 花不損蜜得成

❤️ **화**요일, 화불손 밀득성花不損蜜得成이란 벌은 꽃을 상하지 않게 하면서 꿀을 만들어 낸다는 뜻입니다.

⭐ 매일생한 불매향(梅一生寒不賣香)이란 매화梅花는 평생 춥게 살아도 향기香氣를 팔지 않는다는 뜻으로,
동양의 대철학자
퇴계 이황의
평생 좌우명座右銘이었습니다.
매화梅花나무일까요?
매실梅實나무일까요?
　- 꽃을 강조強調하면 매화나무,
　- 열매를 강조하면 매실나무,
　- 매화꽃 위에 눈이 내리면 설중매雪中梅,
　- 달 밝은 밤에 매화를 보면 월매月梅,
　- 매화 향기를 강조하면 매향梅香이 됩니다.

🍀 칭찬稱讚은 만능열쇠입니다. 누구에게나 마음의 문門을 열게 하니까요.

💜 감사합니다. 💜 고맙습니다. 💜 사랑합니다.

3 March 07 수절사의 守節死義

❤️ **수**요일, 수절사의守節死義란 절개節槪를 지키다 의롭게 죽는 것을 말합니다.

⭐ **경북 안동의 유래**

신라 경애왕을 포석정鮑石亭에서 죽인 후백제 견훤이 930년에 고창(지금의 안동) 전투에서 왕건王建과 연합한 고창 호족 김선평金宣平, 권행權幸, 장정필張貞弼의 군사가 견훤의 군사를 대패시키자, 왕건은 이에 대한 감사의 표시로 김선평에게 안동 김씨, 권행에게 안동 권씨, 장정필에게 안동 장씨 성姓을 하사하면서, 견훤을 물리치고 동쪽을 편안하게 안정시켰다 하여, 고창 고을의 이름을 편할 안安 동녘 동東자를 써서 안동安東이라 부르게 하였습니다.

🍀 시기심猜忌心은 남이 잘되는 것이 샘이 나서 미워하는 마음입니다.

3 March 08 목석난전 木石難傳

♥ **목**요일, 목석난전木石難傳이란 가난하고 외로워서 의지依支할 곳이 없는 처지를 말합니다.

⭐ 레이디 퍼스트Lady first란 말은 유럽에서 발생한 1차 세계대전 당시 피난민들이 지뢰地雷가 매설埋設되어 있는 지역을 지나갈 때 여자들을 먼저 건너가게 함으로써 지뢰의 유무有無를 판별判別한 것에서 비롯되었습니다.
여성분들이 들으면 굉장히 치가 떨리고 열 받겠지만, 레이디 퍼스트는 '지뢰 밟고 먼저 죽으라'는 뜻이니, 예의禮儀를 앞세워 레이디 퍼스트를 외치는 제비족에게 속지 마시길,

🍀 자만自慢하지 마십시오. 자만하는 순간 발전發展도 멈춰버립니다.

3 March 09 | 금고옥촉金膏玉燭

♥ **금**요일, 금고옥촉金膏玉燭이란 나라의 위엄威嚴을 상징하는 문물文物이라는 뜻으로, 금고金膏는 신선들이 마시는 약주酒이며, 옥촉玉燭은 신선 세계를 밝히는 촛불을 말합니다.

⭐ 열정熱情이란,
집중集中한다는 것입니다.
반복反復한다는 것입니다.
포기抛棄하지 않는다는 것입니다.

🍀 이 세상에서 가장 아름답고 매력적魅力的인 입은, 남을 칭찬稱讚하는 입口입니다.

3 March 10 토염생討鹽生

♥ **토**요일, 토염생討鹽生이란 아기가 태어날 때 손이 먼저 나오는 것을 말합니다.

⭐ 선글라스는 여름철 필수품必需品으로서 기원은 서양이 아니라 중국입니다.
11세기 중국의 송나라 시절에 판관判官들이 죄인罪人을 심문審問할 때 자신의 마음을 들키지 않기 위해 투명한 연수정煙水晶을 썼던 것에서 오늘날 선글라스의 유래가 시작되었습니다. 국내에서도 방영放映하였던 중국 드라마 '판관 포청천(실존 인물)'도 재판裁判할 때 자신의 마음을 들키지 않기 위해 색안경(연수정)을 쓰고 죄인들을 심문하였던 것입니다.

🍀 본인本人의 말과 행동行動, 모습이 바로 본인의 가치價値이고 신뢰信賴입니다.

3 March 11 | 일일편시 一日片時

❤️ **일**요일, 일일편시一日片時란 잠시 즉, 짧은 시간을 말합니다.

⭐ **스타벅스**Starbucks **커피숍의 유래**由來
1970년대 시애틀에서 교사敎師로 재직在職하던 '제임스 볼트윈'이 1851년 허먼 멜빌이 쓴 '모비딕'이란 책을 너무나 좋아한 나머지, 책 속에서 커피를 진정으로 사랑하는 사나이, 일등 항해사航海士 '스타벅'의 이름에서 영감靈感을 얻어 친구 두 사람과 함께 창업創業하였기에 'S'를 붙여 스타벅스라 한 것에서 시작되었습니다.

🍀 '계집 여럿 사귀는 놈은 들어가는 방房마다 말이 다르다'고 한 것은 떳떳하지 못하면 핑계만 댄다는 뜻입니다.

3 March 12 월명항 月明巷

❤️ **월**요일, 월명항月明巷이란 신라 시대 경주에 있었던 거리의 이름입니다. 아울러 처용이 임금의 덕德을 찬미讚美하여 밤마다 노래하고 춤을 춘 거리이기도 합니다.

⭐ 제비꽃이란 이름은 남쪽 나라에서 제비가 올 때쯤 핀다고 해서 붙여진 이름입니다. 그리고 이 꽃이 필 때 북쪽에서 오랑캐들이 쳐들어왔다고 해서 '오랑캐꽃'이라고도 하며, 땅바닥에 차분히 앉아 핀다고 해서 '앉은뱅이 꽃'이라 부르기도 합니다.

🍀 술은 냉장고冷藏庫에 보관保管하는 것이 아니라 내장內臟에 보관하는 것입니다.

3 March 13 | 화수곡 和水穀

❤️ **화**요일, 화수곡和水穀이란 물을 뿌려서 불린 곡식을 말합니다.

⭐ 한 번 참으면 한 번 실수失手하지 않아 탐욕貪慾이 일어나지 않고,
두 번 참으면 두 번 실수하지 않아 성냄이 일어나지 않고,
세 번 참으면 세 번 실수하지 않아 어리석음이 일어나지 않는다.

- 묘원 스님의 〈허공을 나는 새는 흔적을 남기지 않는다.〉中에서 -

🍀 세상世上이 눈물의 골짜기라면, 웃음은 그곳에 뜨는 무지개입니다.

3 March 14 수외이혜중 秀外而惠中

❤️ **수**요일, 수외이혜중秀外而惠中이란 외모는 물론 자질도 총명하다는 뜻으로, 잘생기고 똑똑한 사람을 말합니다.

⭐ 헤밍웨이가 쓴 노인(老人)과 바다에 등장하는 늙은 어부 '산티아고'는 대어를 낚는 데는 성공하지만 상어의 공격(攻擊)으로 실패(뼈만 남은 물고기)하고 맙니다.
산티아고가 말하기를, 인간은 파괴(破壞)될 수는 있어도 정복(征服)될 수는 없다며 스스로를 위로하였습니다.

🍀 노인老人이란 나이와 상관없이 과거過去에 머물러 사는 사람이고, 젊은이는 미래를 위해 사는 사람입니다.

3 March 15 | 목실경무이정수미 目失鏡無以正鬚眉

❤️ **목**요일, 목실경무이정수미目失鏡無以正鬚眉란 눈이 있어도 거울이 없으면 자기 얼굴을 보지 못한다는 뜻입니다.

⭐ **오륙도 유래**

부산만釜山灣으로 향하여 차례로 우삭도(방패섬: 높이 32m), 수리섬(비석섬 33m), 송곳섬(37m), 굴섬(68m), 등대섬(28m) 등의 해식 이암離岩으로 이어져 있습니다. 오륙도라는 이름은 우삭도가 썰물 때에는 1개의 섬이었다가, 밀물 때에는 바닷물에 의해 2개의 섬으로 분리되어 보이는 것에서 유래된 것입니다.

🍀 성공成功이라는 못을 박으려면 열정熱情과 끈기라는 망치가 필요합니다.

금준미주천인혈 金樽美酒千人血

❤️ **금**요일, 금준미주천인혈金樽美酒千人血이란 금 술잔 속 맛좋은 술은 백성百姓들의 고혈膏血이라는 뜻으로, 춘향전에 나오는 이몽룡의 시구詩句입니다.

⭐ 사무엘 울만의 '청춘靑春'이라는 시詩에서 강조한 것은 인생을 나이나 시기時期로 청춘靑春과 노인老人을 구분 짓는 것이 아니라 그 사람의 열정熱情으로 구분 짓는다고 열변熱辯을 토하고 있습니다.

🍀 칭찬稱讚은 현찰現札 박치기입니다.
현장現場에서 즉시 효과效果가 나타나니까요.

3 March 17 | 토양세류土壤細流

❤️ **토**요일, 토양세류土壤細流란 티끌 모아 태산이 되듯이, 작은 것도 가벼이 볼 수 없다는 뜻입니다.

⭐ 쑥 나물을 '쑥'이라고 부르는 것은 길, 들, 밭, 논두렁 등 어디에서나 쑥쑥 잘 자란다고 하여 '쑥'이라 이름하였습니다.

🍀 사랑을 품은 사람의 가슴에는 악惡이 들어설 여지餘地가 없습니다.

3 March 18 | 일성불변 一成不變

❤️ **일**요일, 일성불변一成不變이란 한 번 정해지면 고치지 못한다는 뜻입니다.

⭐ - 처음 먹는 마음은 초심初心,
- 절대 흔들리지 않는 마음은 중심中心
- 마음 깊은 곳에서 우러나오는 마음은 진심眞心입니다.

🍀 인생人生을 바꾸려면 노력努力해야 하고, 변화變化를 원한다면 행동行動으로 실천實踐해야 합니다.

3 March 19 | 월주집 月洲集

❤️ **월**요일, 월주집月洲集이란 조선 숙종 때 소두산蘇斗山의 시문집詩文集을 말합니다.

⭐ 코알라Koala라는 동물動物 이름은 '물이 없다'는 뜻입니다. 코알라는 식물植物을 통해 물을 섭취攝取하기 때문에 따로 물을 마시지 않는다고 해서 붙여진 이름입니다.

🟦 음식飮食은 소금으로 간을 맞추고, 사람은 사랑으로 마음의 간을 맞추어야 합니다.

3 March 20 화병충기 畵餅充飢

💗 **화**요일, 화병충기畵餅充飢란 그림의 떡으로 굶주린 배를 채운다는 뜻으로, 허황虛荒된 상상想像이나 공상空想으로 위안慰安을 삼는 즉, 실속이 없음을 비유한 것입니다.

⭐ 오랑우탄Orangutan은 '숲에 사는 사람'이란 뜻으로, 말레이어인 'Oran hutan'에서 유래由來된 말입니다.
오란Oran과 후탄Hutan은 각각 사람과 숲을 의미意味합니다.
그리고 매년 8월 19일은 세계 오랑우탄의 날입니다.

🍀 눈동자와 거울은 '맑음'이 생명生命입니다.

3 March 21 수기이안인 修己以安人

♥ **수**요일, 수기이안인修己以安人이란 자신을 수양하여 남을 편안便安하게 한다는 뜻입니다.

⭐ 과거過去는 해석解釋에 따라 바뀌고,
미래未來는 결정決定에 따라 바뀌며,
현재現在는 지금 행동行動하기에 따라 바뀝니다.
바뀌지 않기로 고집固執하면 발전시킬 수 있는 것은 아무것도 없습니다.

🍀 움켜쥔 행복幸福은 씨앗에 불과不過하지만, 나누는 행복은 향기로운 꽃이자 열매입니다.

3 March 22 목종승즉정 木從繩則正

❤️ **목**요일, 목종승즉정 木從繩則正이란 굽은 나무도 먹줄을 놓아서 깎으면 바르게 된다는 뜻으로, 학문에 매진하거나 충고 忠告를 따르면 훌륭한 사람이 된다는 것을 비유한 말입니다.

⭐ 인생은 메아리입니다.
사랑을 주면 사랑이 돌아오고, 미움을 주면 미움이 돌아오니까요.

🍀 이 세상 世上에서 가장 맛있는 한 끼는 마음먹기입니다.

3 March 23 금계창효 옥봉함화 金鷄唱曉玉鳳啣花

❤️ **금**요일, 금계창효 옥봉함화金鷄唱曉玉鳳啣花란 금빛 닭은 새벽을 노래하고, 옥색玉色 봉황鳳凰은 꽃을 입에 물었다는 뜻으로, 자연自然을 노래함을 말합니다.

⭐ 성공成功은 성실誠實함이 최강最强의 무기武器입니다. 성공하고 싶으면 평범한 성실함으로는 안 됩니다. 성실함에 목숨을 걸어야 합니다.

🍀 법法은 거미줄과 같아서 가볍고 힘없는 것들은 잡히지만, 힘 있는 것들은 뚫고 가 버립니다.

3 March 24 토런스

● **토**요일, 토런스가 말하기를 가장 말을 잘하는 것은 눈물이고, 눈물은 위대한 해설가라고 했습니다.

⭐ 1321년 고려高麗의 마지막 왕인 공양왕恭讓王이 태조太祖 이성계李成桂에게 쫓기어, 지금의 경기도 고양시 일산동구에 자리하고 있던 절에서 밥을 얻어먹었다 하여 이 동네를 식사동食寺洞이라 이름하고 있으며, 당시 공양왕에게 잠을 재워 주었던 절을 어침사御寢寺, 왕이 숨었던 고개를 '대궐고개'라 부르고 있습니다.

♣ 지혜智慧로운 사람은 본 것을 이야기하지만, 어리석은 사람은 들은 것만 이야기합니다.

3 March 25 일우一羽

♥ **일**요일, 일우一羽란 한 개의 날개란 뜻으로, 매우 가벼운 물건을 비유比喩한 말입니다.

⭐ 많은 책을 읽고도 좋은 말을 들어도 인생이 바뀌지 않는 것은, 행동行動으로 옮기지 않기 때문입니다.

🍀 봄이 온다는 것은 목숨을 가지고 있는 것들이 아직은 살아있다는 증거證據입니다.

월승세성형혹 月乘歲星熒惑

3 March 26

❤️ **월**요일, 월승세성형혹月乘歲星熒惑이란 달이 세성(목성)과 형혹(화성)을 가린 것을 의미합니다.

⭐ '사형집행용 전기의자'는 발명왕發明王 에디슨이 상업적 목적을 위해 만든 것입니다.

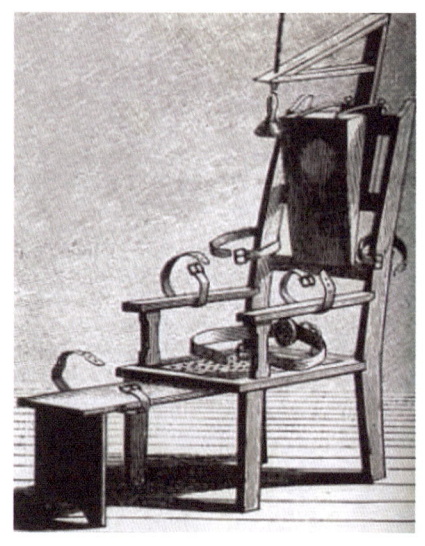

🍀 온유溫柔한 귀를 가지면 화날 일이 없고, 부드러운 혀를 가지면 다툴 일이 없습니다.

3 March 27 | 화곤 華袞

♥ **화**요일, 화곤華袞이란 화려한 곤룡포란 뜻으로, 임금 혹은 임금의 옷을 말합니다.

⭐ 술에 취醉하면 정신精神을 잃고, 마약麻藥에 취하면 이성理性을 잃지만, T.V에 취하면 모든 게 마비가 되어 바보가 됩니다. 그래서 T.V를 인간을 바보로 만드는 바보상자라고 합니다.

🍀 사랑이 힘들고 아프고 괴롭다는 것은 순수하다는 증거證據입니다.

3 March 28 수적 手迹

❤️ **수**요일, 수적手迹이란 손수 쓴 글씨나 그림을 말합니다.

⭐ 피는 물보다 진하다고 하는 이유는, 피에는 물에 들어있지 않은 성분인 혈구(백혈구, 적혈구, 혈소판 등)와 혈장(수많은 물질과 단백질 등)이 들어있어, 피는 물보다 점도 및 밀도가 약 6배 진합니다. ㅋㅎ

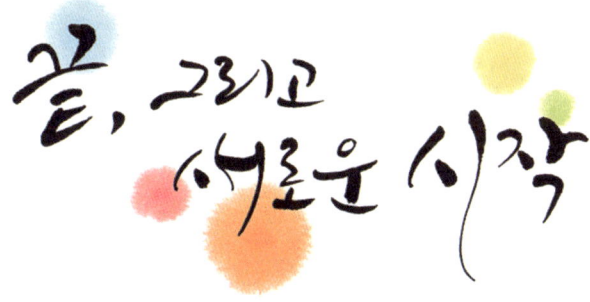

🍀 공부를 한다는 것은 스펙을 쌓기 위해서가 아니라 자유自由롭게 사고思考하고 행동行動할 권리權利를 찾아가는 마음의 여정입니다.

3 March 29 | 목일욕월 沐日浴月

♥ **목**요일, 목일욕월沐日浴月이란 햇빛과 달빛에 목욕한 것처럼 윤택하다는 뜻입니다.

⭐ 지혜智慧로운 사람은 자신이 새벽을 깨우지만, 어리석은 사람은 새벽이 오기를 기다립니다.

🍀 마음이 마주치면 친구親舊가 되고, 영혼靈魂이 마주치면 사랑이 됩니다.

금춘화여설 今春花如雪

3 March 30

❤️ **금**요일, 금춘화여설今春花如雪이란 올해 봄꽃은 흡사 흰 눈 같다는 뜻입니다.

⭐ 돈을 잃으면 자유自由의 일부一部를 상실喪失하고,
건강健康을 잃으면 생활生活을 상실하지만,
사랑을 잃으면 존재存在를 상실합니다.

🍀 유일하게 입이 없는 곤충은 '하루살이'입니다.

♥ 감사합니다. ♥ 고맙습니다. ♥ 사랑합니다.

3 March 31 | 토마스 할리버튼

❤️ **토**요일, 토마스 할리버튼은 시간 엄수嚴守는 비즈니스의 영혼靈魂이라고 했습니다.

⭐ 폴란드 바르샤바에는 '세종대왕 고등학교'가 있습니다. 한국에서 폴란드의 천문학자 코페르니쿠스가 많은 사랑을 받는 것에 대한 보답報答으로 설립設立된 이 고등학교는 폴란드 전역에서 수재秀才들이 모인 학교로 주 7시간씩 한국어韓國語를 가르치고 있습니다.

🍀 세계 최초世界最初의 측우기測雨器는 1441년(세종 23년)에 우리나라에서 발명하였습니다.

4 April
01 일념왕생 一念往生

❤️ **일**요일, 일념왕생一念往生이란 잡념雜念 없이 한결같은 마음으로 아미타불을 부르면 극락왕생極樂往生할 수 있다는 뜻입니다.

⭐ 태국泰國에서는 군대軍隊를 제비뽑기로 갑니다. 빨간색 글씨가 쓰여있는 제비를 뽑으면 입대軍入隊 당첨當籤! 검은색 글씨가 쓰여있는 제비를 뽑으면 입대 면제免除입니다.

🟦 고양이는 생선生鮮을 먹지 못하면 시력視力을 잃습니다.

💜 감사합니다. 💜 고맙습니다. 💜 사랑합니다.

4 April 02 월행月行

❤️ **월**요일, 월행月行이란 월경月經 즉 달거리, 생리와 같은 뜻입니다.

⭐ **성경聖經의 모든 것**

구약성서舊約聖書는 39권의 책冊에 929개의 장章과 23,214의 절節, 592,439개의 단어單語가 2,738,100개의 글자로 이루어져 있으며, 신약성서新約聖書는 27권의 책에 270개의 장과 7,967개의 절, 132,253개의 단어가 933,380개의 글자로 이루어져 있습니다.

신·구약을 합하면, 66권에 책에 1,199개의 장과 31,181개의 절, 724,692개의 단어가 3,671,480개의 글자로 구성되어 있습니다.

🍀 잔소리는 악성 부채惡性負債의 바이러스입니다.

274 그 입 다물라

4 April 03 화조풍월 花鳥風月

❤️ **화**요일, 화조풍월花鳥風月이란 꽃과 새, 바람과 달이란 뜻으로, 천지자연의 아름다움을 말합니다.

⭐ **성경**聖經**에 나오는 단어**
- 주님Lord： 7,797번
- 죽음Death： 370번
- 사랑Love： 306번
- 믿음Faith： 246번
- 희망Hope： 128번
- 미움Hate： 86번
- 소금Salt ： 46번
- 개Dog： 41번
- 고양이Cat는 전혀 등장登場하지 않습니다.

🍀 여자의 본심本心은 싸울 때 드러나고, 남자의 본성本性은 취중醉中에 노출됩니다.

4 April 04 수심화열 水深火熱

❤️ **수**요일, 수심화열水深火熱이란 물은 깊고 불길은 뜨겁다는 뜻으로, 백성들이 당하는 극심한 고통을 비유한 말입니다.

⭐ **성경에 나오는 용어의 뜻 1**
- 그리스도Christ : 하느님께 봉헌奉獻되어 거룩한 사람이라는 뜻
- 가톨릭Catholic : 보편적
- 아멘Amen : 그대로 이루어지게 하소서, 그렇습니다.
- 예수Jesus : 하느님이 구원求援하신다는 뜻
- 여호와Jehovah : 언약言約의 하느님이란 뜻으로, 개신교改新敎에서 사용하는 하느님 '야훼'의 이름입니다.

🍀 근심·걱정은 신체장애障碍보다 더 큰 장애입니다.

4 April 05 목물전木物廛

❤️ **목**요일, 목물전木物廛이란 여러 가지 나무 그릇을 파는 가게를 말합니다.

⭐ **성경에 나오는 용어의 뜻 2**
- 에덴Eden동산 : 에덴은 광야, 비옥한 들, 즐거움, 기쁨
- 예루살렘Jerusalem : 평화平和의 기초基礎, 평화의 터전
- 이스라엘Israel : 하느님과 겨루어 이긴 자
- 애굽Egypt : 이집트, 검은 땅
- 스페인Spain : 토끼
- 골고타Golgotha 언덕 : 해골산 언덕

🌼 희망希望은 불행한 사람의 제2의 영혼靈魂입니다.

4 April 06 금년화사거년호 今年花似去年好

❤️ **금**요일, 금년화사거년호今年花似去年好란 올해 핀 꽃이나 작년에 핀 꽃이나 변함없이 아름답다는 뜻입니다.

⭐ **성경에 나오는 용어의 뜻 3**
- 마리아Maria : 존귀尊貴한 분, 권력權力 있는 부인夫人
- 골리앗Goliath : 유랑자流浪者, 망명자亡命者
- 다윗David : 사랑받는 자
- 아브람Abram : 존귀한 아버지
- 알렉산더Alexander : 인간人間의 옹호자擁護者
- 사울Saul : 희망希望
- 모세Moses : 물에서 건진 아이

🍀 성공成功을 위한 생명生命의 원천은 신뢰信賴에 있습니다.

4 April 07 | 토미양화 土美養禾

❤️ **토**요일, 토미양화土美養禾란 고운 흙은 벼를 잘 자라게 한다는 뜻으로, 어진 임금은 인재人才를 잘 다스린다는 것을 말합니다.

⭐ **성경에 나오는 용어의 뜻 4**
- 가나안Canaan : 자색紫色, 낮은 지대地帶
- 고모라Gomorrah : 깊은, 물이 많은
- 가브리엘Gabriel : 하느님의 영웅英雄
- 카르멜Carmel산 : 동산, 과수원果樹園
- 로마Rome : 세력勢力
- 나일강Nile : 흐르다, 탁하다.
- 나오미Naomi : 나의 귀염둥이

🍀 고개를 숙인다고 겸손謙遜이 아닙니다. 겸손은 머리의 각도가 아니라 마음의 각도입니다.

4 April 08 일편명월一片明月

♥ **일**요일, 일편명월一片明月이란 한 조각의 밝은 달이라는 뜻입니다.

⭐ **성경에 나오는 용어의 뜻 5**
- 나사렛Nazareth : 지켜보다, 파수꾼
- 삼손Samson : 태양의 사람
- 솔로몬Solomon : 평화롭다.
- 빌라도Pilate : 창을 든 자
- 마태오Matthew : 하느님의 선물膳物
- 막달라Magdala : 탑
- 베드로Peter : 반석盤石, 바위라는 뜻이고, 본명은 '시몬'입니다.

🍀 절망絶望은 희망希望의 어머니이고, 고통苦痛은 행복幸福의 스승입니다.

4 April 09 월주기月週期

❤️ **월**요일, 월주기月週期란 한 달을 단위로 되풀이되는 어떤 형상이나 특징을 말합니다.

⭐ **성경에 나오는 용어의 뜻 6**
- 글로리아Gloria : 영광
- 마케도니아Macedonia : 숭배崇拜
- 시몬Shimon : 응답
- 아담Adam : 붉은 흙, 사람
- 이브Eve : 생명生命이라는 뜻으로, '하와'의 영어 이름. 하와라는 이름은 사탄Satan의 유혹誘惑으로 타락墮落한 후 붙여진 이름입니다.
- 아브라함Abraham : 백성百姓의 아버지
- 요셉Joseph : 하느님께서 돕는 자者

🍀 미소微笑는 주름진 마음, 구겨진 마음을 바로 펴주는 영혼靈魂의 다리미입니다.

4 April 10 | 화앙禍殃

❤️ **화**요일, 화앙禍殃이란 뜻하지 않게 생긴 불행不幸한 변고變故를 말합니다.

⭐ **성경에 나오는 용어의 뜻 7**
- 바빌론Babylon : 신의 문 *바벨탑이 세워진 곳
- 안나Anna : 그리스어로 '은총恩寵'
- 소돔Sodom : 에워싸인 장소
- 스테파노Stephen : 면류관冕旒冠
- 유다Judah : 찬송, 찬양
- 카인Cain : 소유, 획득
- 헤브라이Hebrew : 강을 건너온 사람

🍀 정직함은 진실眞實을 사랑하는 마음에서 나옵니다.

4 April 11 수연진 數緣盡

❤ **수**요일, 수연진數緣盡이란 지혜로서 번뇌를 소멸시킨 열반의 상태를 말합니다.

⭐ **성경에 나오는 용어의 뜻 8**
- 크리스마스Christmas : 그리스도의 미사
- 크리스마스 '이브' 할 때 이브Eve : 특별한 날의 전날 저녁이라는 뜻.
- 임마누엘Immanuel : 하느님께서 우리와 함께 하신다.
- 요르단강Joseph : 영원한 강
- 아시아Asia : 중앙, 한복판
- 수산나Susanna : 백합
- 파라오Pharaoh : 큰집
- 필라델피아Philadelphia : 형제애兄弟愛

🍀 말은 그 사람을 대하는 마음입니다.

❤ 감사합니다. ❤ 고맙습니다. ❤ 사랑합니다.   265

4 April 12 목전무법 目前無法

❤️ **목**요일, 목전무법目前無法이란 눈앞에 법이 없다는 뜻으로, 보이는 것이 없다. 즉, 아무것도 실제로 존재하는 것이 없다는 것입니다.

⭐ 바닷가재는 지구상에서 유일唯一하게 죽지 않고 불로장생不老長生합니다. 모든 생물은 세포 분열細胞分裂을 하면서 염색체染色體 속의 DNA가 복제될 때 염색체 끝부분에 붙어 있는 텔로미어Telomere의 길이가 줄어들어 죽게 됩니다. 그런데 바닷가재는 텔로미어가 줄어들지 않아 잡아 먹히지 않는 한 불로장생합니다.

🍀 노화老化는 신神이 세상의 질서秩序를 유지하기 위해 만든 하늘의 법法입니다.

4 April 13 금고승리 琴高乘鯉

❤️ **금**요일, 금고승리琴高乘鯉란 잉어를 타고 승천昇天한 선인仙人이라는 뜻으로, 금고琴高는 선인을 말합니다.

⭐ 아무리 깊은 산속에서 오리가 꽥꽥 소리쳐도 절대絶對 메아리가 울리지 않습니다. 그 원인原因을 과학자들조차 아직 밝히지 못하고 있습니다.

🍀 고수高手에게는 인생이 놀이터고, 하수下手에게는 인생이 전쟁戰爭터입니다.

4 April 14 토황색 土黃色

❤️ **토**요일, 토황색土黃色이란 누런 땅에서 나오는 천연 안료를 말하며, 현대에 와서는 어순이 바뀌어 황토색이라고도 합니다.

⭐ 무거운 화물貨物을 측정測定하는 톤ton의 기원起源은 와인Wine 한 통의 무게에서 시작되었습니다.
프랑스 보르도 지방에서 영국으로 와인을 대량 운반할 때, 배에 실은 와인통에 와인이 가득 차 있는지 확인하기 위해 통을 두드리면, 빈 와인통은 통통하는 소리가 났는데 이 소리를 '톤톤'으로 알아듣고 무게의 단위單位인 톤ton에 적용한 것입니다.

🍀 세계적으로 가장 많이 팔린 책은 성경聖經이 아니라 공책空冊 즉, 노트입니다.

4 April 15 일발一髮

❤️ **일**요일, 일발一髮이란 한 가닥의 머리털이라는 뜻으로, 극히 작음을 말합니다.

⭐ 가위와 콘택트렌즈는 '레오나르도 다빈치', 합판合板은 '알프레드 노벨', 흔들의자는 미국의 '벤저민 프랭클린'이 발명發明했습니다.

🟦 시련試鍊 없이 성취成就는 오지 않고, 단련鍛鍊 없이 명검名劍의 날은 서지 않습니다.

4 April 16 월불유장 문심방 月不踰墻 問深房

❤️ **월**요일, 월불유장 문심방 月不踰墻 問深房 이란 달은 담장을 넘지 않고도 깊은 방을 찾아 든다는 뜻입니다.

⭐ 세계 금융시장의 중심가인 미국 맨해튼의 월가 Wall street 라는 이름은 1642년 네덜란드가 허드슨강 입구에 무역 거점 貿易據點 을 세우기 위해 원주민들로부터 맨해튼 섬을 단돈 24달러에 매입한 후, 1653년 영국 英國 과 인디언들의 침입 侵入 을 막기 위하여 쌓은, 성벽 Wall 이라는 뜻에서 유래 由來 한 말입니다.

🍀 허공 虛空 에는 새의 발자국이 없듯이, 좋은 마음에는 나쁜 마음이 들어설 자리가 없습니다.

4 April 17 화견수 花見羞

❤️ **화**요일, 화견수花見羞란 꽃이 보고는 부끄러워한다는 뜻으로, 곧 미인을 말합니다.

⭐ 화가 났다 할 때 '화'자는 불 화(火)자로서, 사람(人)의 머리에 뿔이 난 모습을 하고 있습니다. 즉 화를 낸다는 것은 짐승이 된다는 것입니다.

✿ 잠 못 드는 사람에게는 밤이 길고, 갈 곳을 모르는 사람에게는 길이 멉니다.

4 April 18 수인지기 殊人之技

❤️ **수**요일, 수인지기殊人之技란 탁월한 기능이라는 뜻으로, 장인 匠人을 말합니다.

⭐ 우리나라에서 가장 오래된 매화梅花나무는 전남 순천시 선암사에 있는 선암매(천연기념물 488호, 수령 약 640년)입니다. 몇 년 전까지만 해도 경남 산청군 단성면 단속사에 있는 정당매政梅花가 최고령이었지만 최근에 고사枯死하고 말았습니다. '정당매'란 이름은 고려 말 이 고장 출신인 강회백이 심었는데 그의 벼슬이 정2품에 해당하는 '정당 문학'에 올랐다고 하여 그의 벼슬 이름을 따서 '정당매'라 부르게 되었습니다.

🍀 삶은 늘 공사工事 중입니다. 한 번에 완벽完璧하게 건설된 삶은 없으니까요.

4 April 19 목멱산 木覓山

♥ **목**요일, 목멱산木覓山이란 서울 '남산'의 옛 이름입니다.

⭐ 건강健康한 육체肉體를 지닌 사람이란,
  - 웃음이 얼굴에서 떠나지 않는 사람
  - 사랑이 몸에 배어있는 사람
  - 감사感謝한 마음이 가득한 사람을 말합니다.

✤ 좋은 생각을 가지면 어긋날 일이 없고, 겸손謙遜한 마음을 가지면 불편不便할 일이 없습니다.

4 April 20 | 금래今來

❤️ **금**요일, 금래今來란 지금이라는 뜻입니다.

⭐ 벼락 맞을 확률確率은 1/428만, 로또에 당첨當籤될 확률은 1/814만, 사람으로 태어날 확률은 1/400조兆입니다. 1/400조의 확률로 선택選擇된 우리는 감동感動스럽게 이 세상에 태어난 것입니다. 1/400조의 기적적奇蹟的 감동을 잊어버리지 마시길!

왜?

1/400조인가? 여자는 평생 난자卵子를 300~400개 생산. 남자는 평생 정자精子를 1조4000억 마리.

곧 300(난자) × 1조4000억(정자) = 400조

🍀 조롱嘲弄하고 멸시蔑視하는 말은 말이 아니라 언어의 파괴破壞입니다.

256 그 입 다물라

4 April 21 | 토계리 土溪里

♥ **토**요일, 토계리土溪里는 경북 안동시 도산면에 있으며, 토계리의 하계마을에는 청동기 시대의 암각화巖刻畫가 있습니다.

⭐ '거짓말도 잘만 하면 논 닷 마지기보다 낫다'는 우리 속담俗談은, 착한 거짓말은 하는 사람도 듣는 사람도 모두에게 기쁨을 준다는 뜻입니다.

♣ 돈은 사람을 멋지게 만들어 주고, 명예는 사람을 우아하게 만들어 주지만, 사람을 사람답게 만들어 주는 것은 바로 사랑입니다.

4 April 22 | 일조지념 一朝之念

❤️ **일**요일, 일조지념一朝之念이란 한때의 노여움을 말합니다.

⭐ 명석明晳한 두뇌頭腦도,
뛰어난 체력體力도,
타고난 능력能力도,
끝없는 노력努力을 이길 순 없습니다.

🍀 초심初心이란 첫사랑의 마음이자, 진정성과 정직함을 가지고 있는 겸손謙遜한 마음입니다.

4 April 23 월입처越入處

❤️ **월**요일, 월입처越入處란 고을의 경계가 고르지 않아 어느 한 부분이 이쪽 마을로 깊숙이 들어왔거나 저쪽 마을로 깊숙이 들어간 곳을 말합니다.

⭐ 오늘을 사랑하지 않는 사람은 머리가 텅 빈 미인과 같아서, 시간은 밝은 내일이란 희망希望의 눈길을 보내지 않습니다.

🍀 문어文魚는 배가 고프면 자신의 다리를 뜯어 먹습니다. 2개월가량 지나면 다시 재생再生하니까요!

4 April 24 화옥火玉

💗 **화**요일, 화옥火玉이란 인공으로 만든 옥으로 즉, 번옥燔玉을 말합니다.

⭐ 엉덩이와 궁둥이는 서로 다른 신체 부위입니다. 의자椅子에 앉았을 때 바닥에 닿는 부분은 궁둥이, 그 위에 볼록하게 튀어나온 부분은 엉덩이입니다.

🍀 '정직正直은 인생 최고最高의 처세술處世術이다'라고 세르반테스는 말했습니다.

4 April 25 수악한 手握汗

❤️ **수**요일, 수악한手握汗이란 불끈 쥔 손바닥에서 땀이 난다는 뜻으로, 자신도 모르게 몹시 놀라거나 두려워 몸이 긴장됨을 말합니다.

⭐ **채소나 과일 중 혼동하기 쉬운 것**
- 토마토는 과일이 아니고 채소菜蔬
- 오이는 채소에서 열리는 과일
- 감자는 뿌리가 아니고 줄기
- 파인애플은 풀
- 호두는 씨앗
- 브로콜리는 꽃으로 완전히 개화開花하기 전의 꽃봉오리를 말합니다.

🍀 자신自身을 이끌려면 머리를 사용하고, 남을 이끌려면 가슴을 사용해야 합니다.

4 April 26 목수라 木修羅

❤️ **목**요일, 목수라木修羅란 산지가 험하거나 암석이 많은 벌채 작업지에서 통나무로 만든 집재용 나뭇길을 말합니다.

⭐ **'니코틴'의 유래**

프랑스의 외교관外交官이자 언어학자言語學者인 장 니코Jean Nicot가 포르투칼 대사大使로 근무할 때 담배를 프랑스로 도입시켜 유행하게 하였다 하여, 그의 이름을 따서 담배의 주성분主成分을 '니코틴'이라 부르게 되었습니다.

🍀 바닷물 속에 있는 염분鹽分은 육지陸地를 150m 두께로 덮을 수 있습니다.

4 April 27 | 금기어禁忌語

❤️ **금**요일, 금기어禁忌語란 마음에 꺼려서 하지 않거나 피하는 말을 말합니다.

⭐ 영국英國의 심리학자心理學者인 데이비드 루이스는, 사람이 가장 기분 좋을 때는 공짜 돈을 받을 때라고 했습니다. 한 번 웃을 때 일어나는 행복지수幸福指數는 공짜 돈 3,000만 원 받을 때와 같다고 하였으니, 돈 버는 방법은 간단합니다.
식탁食卓에서 식사할 때 5명의 가족이 한 번 웃으면 1억5천만 원을 벌 수 있으니 억대 부자가 되고 싶으면 열심히 웃으십시오.

🍀 모든 술은 우리 몸에 들어가는 순간 식초食醋로 변變합니다.

4 April 28 토모진 兎毛塵

❤️ **토**요일, 토모진兎毛塵이란 토끼털 끝에 붙을 수 있을 정도로 작은 먼지라는 뜻으로, 매우 작은 물질을 말합니다.

⭐ 몸은 마른 나무와 같고 화火는 성난 불길과 같다고 했습니다. 그러므로 화를 한 번 내면 남을 태우기 전에 자신을 먼저 태웁니다.

🍀 성인成人의 맥박脈搏은 1분에 70~80번 뛰지만, 참새는 1,000번 이상 뜁니다. 그래서 겁이 많은 사람을 새가슴이라고 합니다.

4 April 29 일상일영一觴一詠

❤️ **일**요일, 일상일영一觴一詠이란 술을 마시면서 시를 읊고 즐기는 것을 말합니다.

⭐ 초대初代 대법원장이자 독립운동가인 김병로 선생은 1957년 12월 퇴임사退任辭에서 공직자에겐 청렴淸廉이 우선이다. 법관法官은 최후까지 오직 정의正義의 변호사辯護士가 되어야 한다. 정의를 위해 굶어 죽는 것이 부정不正을 범犯하는 것보다 수만 배 명예名譽롭다고 했습니다.

🍀 상대와 생각이 다르다는 것은 논쟁(論爭)의 대상이 아니라 배울 것이 많다는 것입니다.

4 April 30 | 월태月態

❤️ **월**요일, 월태月態란 달처럼 아름답고 고요한 모습을 말합니다.

⭐ 김승한 작가가 쓴 7년 전쟁(임진왜란)에 의하면 무능한 통치자(군주)는 만참萬斬 즉, 만 번 목을 베어도 모자랄 역사歷史의 범죄자犯罪者라고 했습니다.

🔷 휴대폰 진동은 머리 위 정수리에서는 느끼지 못합니다. 진동振動은 근육筋肉에 의해 느끼게 되는데 머리 위나 허벅지에는 근육량이 적어 느낄 수가 없습니다.

5 May 01 | 화검 花瞼

❤️ **화**요일, 화검花瞼이란 꽃다운 눈시울이란 뜻으로, 미인의 얼굴을 말합니다.

⭐ **봉산개도 逢山開道** 산을 만나면 길을 뚫고,
우수가교 遇水架橋 물을 만나면 다리를 놓아라.
이 말은 적벽대전에서 유비에게 대패大敗한 조조가 부하들에게 호통치면서 한 말입니다.

🍀 사랑은 이기고 지는 게임이 아니라, 더 많이 사랑하는 쪽과 더 많이 지는 쪽이 승리자勝利者가 됩니다.

5 May 02 수신재정기심修身在正其心

♥ **수**요일, 수신재정기심修身在正其心이란 자신의 몸을 다스리는 것은 마음을 반듯하게 함에 있다는 뜻입니다.

⭐ 우리가 매일 수염鬚髥을 깎아야 하듯, 마음도 매일 다듬어야 행복幸福이 깃듭니다.

✤ 고수高手는 인생人生을 자유롭게 운전하지만, 하수下手는 인생에 끌려다닙니다.

5 May 03 목청木靑

❤️ **목**요일, 목청木靑이란 파랑과 노랑의 중간색을 말합니다.

⭐ 24세 때 자동차 사고로 죽은 제임스 딘은 10대들의 우상이 되었고, 특히 '에덴의 동쪽'이나 '이유 없는 반항'에서 그의 곁눈질하는 모습은 반항아反抗兒의 상징적인 모습이 되었습니다. 그러나 그의 곁눈질이 시력 장애視力障碍 때문이었음을 아는 사람은 거의 없었습니다.

🍀 인맥人脈은 일종의 권력權力입니다.

5 May 04 금옥군자 金玉君子

❤️ **금**요일, 금옥군자金玉君子란 몸가짐이 단정하고 점잖으며 지조志操가 굳은 사람을 말합니다.

⭐ 얼굴은 한 사람이 살아온 인생지도人生地圖이자, 삶의 환경, 습관習慣, 상처傷處의 결과물結果物입니다.

🍀 위기危機는 회피回避해야 할 장애물障碍物이 아니라 극복해야 할 기회機會입니다.

5 May 05 | 토양색 土壤色

❤️ **토**요일, 토양색土壤色이란 기후, 풍토 등 자연의 영향을 받아 오랫동안 유지되어 온 그 지역 고유의 색을 말합니다.

⭐ 아인슈타인은 독일어獨逸語로 '돌 하나'라는 뜻입니다. 1905년 26세의 젊은 나이에 '상대성 원리相對性 原理'를 발표發表하였지만, 그것을 이해理解한 사람은 지금까지 12명에 지나지 않습니다.

🍀 생명生命이 있는 것은 다 사랑을 원합니다.

5 May 06 | 일동불여일정―動不如―靜

❤️ **일**요일, 일동불여일정―動不如―靜이란 함부로 움직이는 것보다 차라리 가만히 있는 것이 낫다는 뜻입니다.

⭐ 링컨의 아들 로버트 링컨은 하버드 대학에서 부모님이 사는 워싱턴으로 가다가 교통사고로 매우 심각한 상태에 이르렀고, 그때 연극 배우 에드윈 부스가 그를 구해 주었는데, 공교롭게도 그는 링컨 대통령을 암살한 존 윌커스 부스의 형이었습니다.

🍀 기도祈禱는 무엇을 해달라고 구걸하는 것이 아니라, 무엇을 하겠다고 결심決心하는 것입니다.

월송독거주 月送獨去舟

5 May 07

❤️ **월**요일, 월송독거주月送獨去舟란 달빛은 홀로 가는 배를 전송한다는 뜻입니다.

⭐ 코미디언 이주일이 유명해진 것은, 1977년 이리역驛 폭파사건 때 천정이 무너져 내리는 극장劇場에서, 당시 인기 절정에 있던 가수 하춘화를 업고 구출한 것이 인연因緣이 되어 유명해졌습니다. 그전에는 유랑 악극단을 전전하는 무명 보조 코미디언에 불과했습니다.

🍀 양심良心에 부끄러운 일을 하면 할수록 양심은 마비痲痺가 됩니다.

5 May 08 | 화충華蟲

❤️ **화**요일, 화충華蟲이란 꿩을 말합니다.

⭐ '엥겔스'는 1820년 프러시아 부호富豪의 아들로 태어나 호화로운 저택邸宅에서 아무런 불평 없이 살았음에도 불구하고, '마르크스'와 함께 공산주의共産主義 이론을 창시創始한 사람입니다.

🍀 사랑하는 것은 용기勇氣지만, 사랑받는 것은 능력能力입니다.

5 May 09 수찬修撰

❤️ **수**요일, 수찬修撰이란 책을 펴내는 것을 말합니다.

⭐ '노가리'란 말의 유래由來
쓸데없이 말이 많거나 거짓말을 늘어놓는 것을 속되게 표현表現한 것으로, 원래 '노가리'는 명태明太의 새끼를 가리키는 말입니다. 명태가 한꺼번에 매우 많은 수의 알을 까는 것과 같이 말이 많다는 것을 진실성眞實性이 없는 것으로 빗대어 표현한 것입니다.

🍀 지혜智慧로운 사람은 행동行動으로 말을 증명證明하고, 어리석은 사람은 말로 행동을 증명하려 합니다.

5 May 10 목조牧鳥

❤️ **목**요일, 목조牧鳥란 홍학紅鶴을 말합니다.

⭐ **'돌팔이'의 유래**由來

돌팔이는 원래原來 '돈 팔이'에서 변천變遷한 것입니다. 학문學文이나 기술技術을 본업本業으로 하지 않고, 학문이나 기술을 돈벌이 수단으로 이용하는 가짜나 엉터리를 말합니다.

🍀 조급躁急함이란 약자弱者의 표시表示이자 불안不安의 표시입니다. 강强한 자만이 인내忍耐를 가질 수 있습니다.

금옥총 金屋寵

5 May 11

❤️ **금**요일, 금옥총金屋寵이란 임금의 깊은 총애를 이르는 말로써, 중국 한무제가 아교阿嬌를 총애寵愛하여 좋은 집에서 살게 한 것에서 유래 되었습니다.

⭐ 상대相對와 친親해지고 싶으면 공통점共通點을 찾고, 상대와 멀어지고 싶으면 차이점差異點을 찾으면 됩니다.

🍀 책임責任을 진다는 것은 자신自身을 사랑하는 행위行爲입니다.

5 May 12 토폐즉초목부장 土幣則草木不長

❤️ **토**요일, 토폐즉초목부장土幣則草木不長이란 지력地力이 쇠하면 초목이 자라지 못한다는 뜻입니다.

⭐ **'창고**創庫**'의 유래**由來
옛날 중국에서는 창씨創氏와 고씨庫氏가 대를 이어 나라 곳간 지키는 일을 맡아 하였는데, 너무나 일을 잘하기에 아예 물건 쌓아두는 장소를 창씨와 고씨 성을 따서 창고創庫라고 부르게 되었습니다.

🍀 고마움을 아는 마음은 꽃으로 피어나고, 긍정적肯定的인 말 한마디는 복福이 되어 돌아옵니다.

5 May 13 | 일소천금 一笑千金

❤️ **일**요일, 일소천금一笑千金이란 한 번 웃는 것이 천금의 값어치가 있다는 뜻입니다.

⭐ **'미역국 먹다'라는 말의 유래**由來
시험試驗에서 낙방落榜하거나 탈락脫落하였다는 뜻으로, 원래 이 말은 구한말 일본 놈들이 조선 군대軍隊를 강제로 해산할 때 그 해산解散이라는 말이 아이를 낳는다는 해산解産과 발음이 같은 데서 비롯된 것입니다. 군대가 해산되어 군인들이 일자리를 잃어버린 것을, 아이를 낳으면 미역국을 먹는 풍속風俗에 빗대어 나타낸 말입니다.

🍀 욕심慾心은 많은 고통苦痛을 부르는 나팔입니다.

5 May 14 월인동 月印洞

❤️ **월**요일, 월인동月印洞은 북한의 양강도 삼수군 용복동리에 있는 마을로서, 보름달로 도장 찍은 듯이 동그란 골 안에 위치해 있다 하여 붙여진 이름입니다.

⭐ 결혼 생활結婚生活의 80%는 단순한 생활이고, 15%는 귀찮은 일이고, 정말로 좋은 부분은 5%밖에 되지 않습니다.

🍀 신체身體의 나이는 세월歲月이 정하지만, 마음의 나이는 자신自身이 정합니다.

5 May 15 | 화수분

❤️ **화**요일, 화수분이란 재물財物이 계속 나오는 보물寶物단지를 말합니다.

⭐ 5.18 민주화운동은 아직 끝나지 않았고 그날 장군들이 받은 금빛 훈장은 하나도 회수되지 않았습니다.
어디에도 붉은 꽃은 심지 마십시오. 소년, 소녀들의 무덤 앞에 그 금빛 훈장을 묻기 전에
 ※ 1980년 5.18 민주화운동 당시
   - 시민 사망자 569명
   - 행방불명자 76명
   - 부상자 3,139명
   - 구속 및 피해자 5,373명
   - 경찰 사망자 4명
   - 군인 사망자 23명 중 당시 시민군 공격으로 사망한 계엄군은 8명이고, 나머지 15명은 군부대 간 오인사격으로 사망하였습니다.

🍀 즐기십시오.
실력實力은 노력을 이기지 못하고, 노력은 즐김을 이기지 못합니다.

5 May 16 수편隨便

❤️ **수**요일, 수편隨便이란 편한 것을 따른다는 뜻입니다.

⭐ **자유自由의 여신상 1**

자유의 여신상女神像은 미국 독립 100주년을 기념紀念하기 위해 프랑스에서 기증寄贈한 것으로, 작품은 프레데리크 오귀스트 바르톨디Frederic Auguste Bartholdi가 1884년 프랑스에서 제작하여, 1886년 미국으로 옮겨 헌정식獻呈式을 하였습니다. 자유의 여신상 높이는 46m, 대좌석大座席 높이는 47.5m로 합치면 93.5m입니다. 집게손가락 하나의 길이가 2.44m, 무게는 225t, 처음에는 노란빛을 띠는 황동색이었으나 현재는 구리가 산화酸化되어 푸르스름한 빛을 띠고 있으며, 정식 명칭은 '세계世界를 비추는 자유'입니다.

✤ 부처님께서 말씀하시기를, 성 내는 사람 다음으로 천(賤)한 사람은 원한怨恨을 품은 사람이라고 하였습니다.

5 May 17 목빙木氷

❤️ **목**요일, 목빙木氷이란 비나 눈이 나뭇가지에 얼어붙은 것을 말합니다.

⭐ **자유의 여신상** 女神像 2

자유의 여신상 발밑에는 노예 해방奴隷解放을 뜻하는 부서진 족쇄足鎖가 놓여있고, 치켜든 오른손에는 횃불을, 왼손에는 '1776년 7월 4일' 날짜가 새겨진 독립선언서獨立宣言書를 들고 있습니다.

여신상 왕관王冠에는 7개의 뿔이 달려 있는데 이것은 당시 전세계全世界의 7대 양洋 7개 주州에 자유가 널리 퍼져나가라는 뜻이 담겨있습니다.

🍀 아픔을 두려워하지 마십시오. 아픈 만큼 삶은 깊어 집니다.

5 May 18 금옥만당 金玉滿堂

❤️ **금**요일, 금옥만당金玉滿堂이란 현명한 신하가 조정에 많다는 뜻입니다.

⭐ **자유의 여신상 3**

자유의 여신상 얼굴 모델로 아름다운 여배우, 유명 정치인, 재벌 등 사회적社會的으로 굉장宏壯히 성공한 사람들의 모습을 추천推薦받았지만, 제작자인 프레데리크 오귀스트 바르톨디는 모든 사람의 자유를 생각하고 수호守護하는 가장 자애慈愛로운 여신의 얼굴은 무엇인가? 깊은 고민 끝에 자신을 낳아 기르고 사랑해주신 어머니를 모델로 삼았습니다.

세상에서 가장 자애로운 얼굴은 바로 어머니의 얼굴이었던 것입니다. 제작 과정에서 연로年老하신 어머니가 오랫동안 같은 포즈를 취하는데 힘들어 하시자, 어머니를 닮은 여자를 모델로 삼아 작업을 끝낸 후 그녀와 결혼結婚하였습니다.

🍀 과거過去는 돌아갈 수는 없지만 돌아볼 수는 있습니다.

5 May 19 토과근土瓜根

♥ **토**요일, 토과근土瓜根이란 쥐참외의 뿌리 말린 것을 말합니다.

⭐ 이 세상에서 가장 뜨거운 온도溫度는 살아 있는 인간人間의 체온인 36.5℃입니다. 쇳덩어리 같은 불행不幸도, 산 같은 아픔도 기어이 녹여 없애주는 용광로鎔鑛爐이니까요.
불타오르는 쇳물이 강철鋼鐵로 다시 태어나듯, 살아 있는 우리의 육신肉身은 운명運命을 녹여 새로운 삶을 만들어 냅니다.

🍀 밀짚모자는 겨울에 사라는 격언格言이 있듯이, 성공成功하려면 미리 준비準備해야 합니다.

5 May 20 일망무제 一望無際

❤️ **일**요일, 일망무제一望無際란 한눈에 바라볼 수 없을 정도로 아득하게 멀고 넓어서 끝이 없다는 뜻입니다.

⭐ **인간人間의 수명壽命이 70세까지라고 가정假定할 때,**
- 음식물飮食物은 50t을 먹고,
- 물은 492,000ℓ를 마시며,
- 손톱은 3.7m(한 손가락), 머리카락은 563km 자라고,
- 소변小便은 38,300ℓ를 보며, 심장心臟은 27억 번 뜁니다.
- 여자는 난자卵子 300~400개, 남자는 정자精子 1조4,000억 마리를 생산生産하며,
- 우는 것은 3,000번, 웃음은 54만 번 웃는다고 합니다.

🍀 목표目標를 달성達成하려면, 손흥민이 축구공을 쫓아가듯이, 추신수가 야구공을 노려보듯이 해야 성공成功합니다.

5 May 21 — 월만즉휴 물성즉쇠 月滿則虧 物盛則衰

♥ **월**요일, 월만즉휴 물성즉쇠 月滿則虧 物盛則衰란 달도 차면 이지러지고 사물도 극極에 달하면 점차 쇠퇴하는 것이 세상의 이치라는 뜻입니다.

⭐ 네로 황제皇帝는 남자 노예奴隸 스코러스와 공식적인 결혼식結婚式을 올렸는가 하면, 영국왕英國王 조지 1세는 독일인獨逸人이었기 때문에 영어英語를 전혀 하지 못했습니다.

🍀 절망絶望은 존재存在의 끝이 아니라 새로운 출발出發입니다.

5 May 22 화소미모 火燒眉毛

❤️ **화**요일, 화소미모火燒眉毛란 불이 눈썹을 태운다는 뜻으로, 매우 절박함을 비유한 말입니다.

⭐ 시詩는 우주만물宇宙萬物의 얼굴, 마음, 아름다움, 조화調和 그리고 그 안에 들어있는 기쁨과 떨림의 비밀秘密을 육안肉眼이 아닌 영안靈眼으로 기록記錄한 글의 농사農事입니다.

🍀 현명賢明한 사람은 빈틈이 없는 사람이 아니라 쉴 틈을 만들어 잘 활용活用하는 사람입니다.

5 May 23 수란봉囚鸞鳳

❤️ **수**요일, 수란봉囚鸞鳳이란 청백하고 유능한 관리를 가두고 쓰지 않음을 말합니다.

⭐ 인간은 하느님마저도 속이고 있습니다. 하느님은 인간들이 만든 교활狡猾한 발명품發明品이자 일종의 안전장치安全裝置입니다. 그리고 저세상에 예치預置해 둔 은행저축銀行貯蓄 정도로 하느님을 타락墮落시키고 있습니다. 인간들이!

✤ 인간의 신뢰信賴와 성실성誠實性은 머리가 아니라 가슴에서 나옵니다.

5 May 24 | 목석심장 木石心腸

❤️ **목**요일, 목석심장木石心腸이란 인정人情이 없는 사람을 말합니다.

⭐ 개도 안 물어갈 권위의식權威意識, 자만심自慢心, 허영심虛榮心 등은 인생 매립장人生 埋立場에 파묻어 버려야만 행복幸福이 찾아옵니다.

🍀 건강健康한 귀는 더럽고 병든 말言을 듣더라도 참고 견딥니다.

5/25 May 금일상봉 수우희 今日相逢 愁又喜

♥ **금**요일, 금일상봉 수우희 今日相逢 愁又喜란 오늘에야 만나보니 아쉬우면서도 반갑다는 뜻입니다.

⭐ 가난한 사람이란 너무 적게 가진 사람이 아니라, 더 많은 것을 갈망渴望하는 사람입니다.

🍀 불행不幸을 고칠 수 있는 약藥은 오로지 희망希望뿐입니다.

5 May 26 토번지욕吐蕃之辱

❤️ **토**요일, 토번지욕吐蕃之辱이란 고려 충선왕이 원元나라에 불려갔다가 토번(티베트)에 유배流配당하였던 일을 말합니다.

⭐ 우리가 사는 이 세상世上을 사바세계娑婆世界라고 합니다. 사바세계라는 말은 산스크리트어에서 온 것으로 참고 견디어 나가는 세상을 말합니다. 즉, 우리가 사는 세상은 '참는 땅'이라는 뜻입니다.

🍀 마음의 파산破産을 막는 길은 오직 독서讀書뿐입니다.

5 May 27 | 일단취기 一段翠氣

❤️ **일**요일, 일단취기一段翠氣란 사람의 미목眉目이 수려秀麗하여, 용모가 빼어나게 아름답다는 뜻입니다.

⭐ 아무리 아름다운 예술품藝術品이 있다 하더라도 자연自然은 질투嫉妬하거나 아쉬워하지 않습니다.
왜? 예술은 자연의 모습을 모방模倣한 것이기 때문입니다.

🍀 안되면 어떡하지? 가 아니라 어떻게 하면 잘 되지? 라고 생각하면 무조건 성공成功합니다. 그리고 근심은 언제나 밤의 아들이라는 것을 잊지 마십시오.

5 May 28 | 월연越燕

❤️ **월**요일, 월연越燕이란 제비를 말합니다.

⭐ 성경聖經에 나오는 에덴동산의 에덴은 기쁨이라는 뜻입니다. 하느님이 아담과 이브를 에덴동산에서 처음 살게 한 것도 인간은 기쁘게 사는 것이 삶의 의무義務이자 절대 권리絕對權利라는 것을 가르쳐 주기 위함이었습니다.

🍀 아내와 아이들을 거느리는 사내는 운명運命에 저당抵當 잡힌 자者입니다.

5 May 29 | 화상주유 火上注油

❤️ **화**요일, 화상주유火上注油란 불에 기름을 붓는다는 뜻으로, 사태를 더욱 악화시키는 것을 말합니다.

⭐ 사람은 출생出生에 따라 천賤한 사람이 되거나 성자聖者가 되는 것이 아니라, 그 사람의 말言과 행동行動에 의해서 천한 사람도 되고 성자도 되는 것입니다.   - 부처님 말씀 -

🌼 생각은 자신自身과의 대화對話이자, 자신을 비춰보는 거울입니다.

5 May 30 수인지 이제류 水因地 而制流

❤️ **수**요일, 수인지 이제류 水因地 而制流란 물은 순리順理에 역행하지 않는다는 뜻입니다.

⭐ 인사유명 호사유피 人死留名 虎死留皮란 사람은 죽어서 이름을 남기고, 호랑이는 죽어서 가죽을 남긴다는 뜻이지만, 원래는 호랑이도 죽어서 사람에게 유용有用한 가죽을 남기는데, 하물며 만물萬物의 영장靈長이라 사람은 죽어 이름을 남겨야 한다는 것을 강조强調한 말입니다.

🍀 머리를 너무 높이 들고 다니지 마십시오. 사람에게로 가는 모든 입구는 항상 낮게 열려있습니다.

5 May 31 목피삼촌 木皮三寸

♥ **목**요일, 목피삼촌木皮三寸이란 나무껍질이 세 치三寸나 된다는 뜻으로, 몹시 두꺼운 얼굴을 가진 사람을 말합니다.

⭐ 인생人生에는 수많은 역사歷史가 흐르고 있습니다. 그 사람이 살아온 시간時間이 드라마이고, 지켜온 삶이 얼굴입니다.

🍀 웃는 사람은 웃는 인생으로 살고, 인상 쓰면서 사는 사람은 꽈배기처럼 배배 꼬인 인생으로 살게 됩니다.

6 June 01 금석합 金石合

♥ **금**요일, 금석합金石合이란 금과 돌이 어울리듯 아주 좋은 날이라는 뜻입니다.

⭐ **'노다지'의 유래由來**
우리나라가 금金이 많은 나라로 알려지자 주위의 여러 나라들이 모여 들었고, 이에 외국인들은 자신의 광산鑛山을 지키려고 광부들이 금광석을 만지거나 수상한 짓을 하면 "노 터치(No Touch)"하면서 거부拒否를 했습니다.
노 터치!
이 말이 곧 '노다지'로 바뀌어 오늘날 금광金鑛이나 어떤 굉장한 물건物件을 일컫는 말인 노다지가 탄생하게 되었습니다.

✤ 신神과 악마惡魔의 전쟁戰爭터가 바로 사람의 마음입니다.

6 June 02 토사부여라 兎絲附如蘿

❤️ **토**요일, 토사부여라兎絲附如蘿란 담쟁이덩굴에 감겼다는 뜻으로, 부부간의 애정愛情이 얽히고 설킨 것을 말합니다.

⭐ 진주조개가 진주珍珠 한 알을 만들어 내려면 10년 동안 이물질異物質과 싸워 그 아픔을 견뎌내야 하듯이, 세상에 복수復讐하고 싶으면 진주조개처럼 아픔도, 슬픔도, 고통苦痛도 10년이 아니라 수십 년을 견뎌야 합니다. 가장 찬란한 복수는 성공成功입니다.

🍀 피 묻은 손보다 더 나쁜 것은 비정非情한 마음입니다.

6 June 03 일세단생 一世單生

♥ **일**요일, 일세단생一世單生이란 한 세상이란 뜻입니다.

⭐ 작곡가 리하르트 바그너는 평생 13이란 숫자와 함께했습니다.
- 처음 대중大衆들 앞에 선 때가 1831년인데 모두 합하면 13이 됩니다.
- '탄호이저' 오페라를 완성完成한 날이 1845년 4월 13일
- '니벨룽겐의 반지斗指'를 처음 연주 한날이 1876년 8월 13일
- 리가에 있는 주립 극장의 대표代表가 되어 개관開館한 날이 9월 13일
- 평생 작곡한 오페라가 13곡曲
- 13년간 망명생활亡命生活을 하고 독일이 새 연합국이 된 지 13년째 되던 해 13일에 세상을 떠났습니다.

🍀 웃음은 사람의 마음과 영혼靈魂을 열게 하는 마법魔法의 열쇠입니다.

6 June 04 | 월옥몽난성 月屋夢難成

💗 **월**요일, 월옥몽난성月屋夢難成이란 환한 달빛이 집을 밝히니 잠이 들기 어렵다는 뜻입니다.

⭐ 향기香氣는 풀의 상처傷處입니다.
베어진 풀에서 향기가 납니다.
사람은 베이면 비명悲鳴을 지르지만, 풀은 베이면 향기를 지릅니다.

🍀 천국天國에서 술을 마실 수 없다면 나는 그곳에 가지 않겠다.

- 마크 트웨인-

6 June 05 화산지관 華山之冠

💗 **화**요일, 화산지관華山之冠이란 서울 북쪽에 있는 삼각산(북한산)의 별칭입니다.

⭐ 세상은 악惡한 일을 행하는 사람들에 의해 멸망滅亡하는 것이 아니라 아무것도 안하고 그들을 지켜보는 사람들에 의해 멸망합니다.
　　　　　　　　　　　　　　　　　　　　　－아인슈타인－

🍀 얼굴이 아름다운 여자는 과거過去가 있어도 용서容恕된다고 했던가? 과거를 용서받기 위해서는 과거가 현재現在에 남아 있지 않아야 합니다.

6 June 06 수정불요 守正不撓

❤️ **수**요일, 수정불요守正不撓란 정도正道를 굳세게 지켜나간다는 뜻입니다.

⭐ 옛날 어떤 왕王이 현인賢人들을 불러놓고, 모든 백성百姓이 다 잘 살 수 있는 성공 비결成功秘訣을 적어 오라고 명命하자, 현인들은 12권 분량의 좋은 비결이 담긴 책을 만들어 왔습니다. 이에 왕은 "너무 방대하구나. 쉽고 간단명료하게 할 수는 없겠는가?"
다시 6권, 다음은 1권, 이제는 1페이지. "이것도 길구나." 현인들은 고민苦悶에 고민을 거듭하다가 가장 핵심核心이 되는 글귀 한 마디를 적어서 왕에게 바치니, 왕은 읽자마자 무릎을 치면서 기뻐했습니다.
그 글귀는 누구나 다 잘 살 수 있는 비결이 담긴 가장 간단한 글귀이자 세계 제일의 명언名言.
'세상에 절대 공짜는 없다.'

🍀 진실眞實을 말하는 것보다 더 편한 것은 없습니다.

6 June 07 목소반 木小盤

❤️ **목**요일, 목소반木小盤이란 제향祭享을 지낼 때 제물을 올리는 나무로 만든 작은 쟁반을 말합니다.

⭐ 애인(愛人)이나 친구를 만드는 것은 '물'을 '얼음'으로 만드는 것과 같습니다.
만들기도 힘이 들지만 녹지 않게 지키는 것은 더 어렵습니다.

🍀 미움은 결코 미움으로 없어지는 것이 아니라 사랑으로 없어집니다.

6 June 08 금란지우 金蘭之友

❤️ **금**요일, 금란지우金蘭之友란 아주 가깝게 사귀어 정이 두터운 벗을 말합니다.

⭐ 육체적 건강肉體的 健康과 더불어 마음과 생각 그리고 영혼靈魂의 건강을 위해 꼭 필요必要한 세 가지 약藥은,
- 웃음 Laughter
- 사랑 Love
- 감사 Thanks 입니다.

영혼과 마음 그리고 생각과 육체가 골고루 건강한 사람이 진정眞情한 건강미健康美를 갖춘 사람이라 할 수 있습니다.

🍀 시詩 뒤에는 시인의 혼魂이 있고, 캔버스 뒤에는 화가의 맥박脈搏이 뛰고 있습니다.

6 June 09 토사자박吐絲自縛

♥ **토**요일, 토사자박吐絲自縛이란 누에가 실을 토吐하면서 고치를 지어 스스로 그 속에 갇힌다는 뜻으로, 주위와 관계關係를 끊어 참선參禪의 삼매경三昧境에 드는 것을 말합니다.

⭐ 말言도 그림입니다.
칭찬稱讚하고 긍정적肯定的인 말을 하는 사람의 얼굴은 아름답게 그려지고, 험담險談하고 악담惡談하는 사람의 얼굴은 거칠고 흉凶하게 그려지니까요.

🍀 열정熱情은 성공成功의 신용 대출信用貸出입니다.

6 June 10 일락서산 日落西山

❤️ **일**요일, 일락서산日落西山이란 해가 서산으로 떨어진다는 뜻으로, 세력이 기울어진 형세를 말합니다.

⭐ 극한極限의 모욕적侮辱的인 말에서 받는 고통苦痛은 언어言語가 아니라 비명悲鳴이며 울부짖음입니다. 언어의 비수匕首에 찔린 영혼靈魂의 상처傷處는 몸 밖이 아니라 몸 안에 생기기 때문에 좀처럼 아물지 않습니다. 자나 깨나 혓바닥 조심을 생활화生活化합시다.

🧩 도박賭博은 탐욕貪慾의 자식이자, 부정不正의 형제이며, 불행不幸의 아버지입니다.

6 June 11 | 월인석보 月印釋譜

❤️ **월**요일, 월인석보月印釋譜란 보물 제745호로, 세조 5년인 1459년에 간행된 석가모니의 일대기를 다룬 불경을 말합니다.

⭐ 최상위最上位의 고등 생물인 인간의 몸은 37조兆 개라는 어마어마한 세포細胞로 이루어져 있습니다. 하지만 이보다 훨씬 더 많은 마음과 영혼靈魂의 세포가 우리를 지배支配하고 있습니다. 그래서 우리의 마음은 자신의 모든 것들이 담겨있는 그릇입니다.

🍀 몸의 근육筋肉은 운동運動으로 키우고 마음의 근육은 관심關心으로 키웁니다.

6 June 12 | 화개화사 花開花謝

❤️ **화**요일, 화개화사花開花謝란 꽃이 피고 진다는 뜻입니다.

⭐ 사회의 최대最大 비극은 악惡한 사람들의 거친 아우성이 아니라, 선善한 사람들의 소름끼치는 침묵沈默입니다.

-마틴루터킹-

🍀 먹이를 이기는 충견忠犬도 드물지만, 돈을 이기는 충신忠臣도 드물다는 사실.

6 June 13 수순중생 隨順衆生

♥ **수**요일, 수순중생隨順衆生이란 나쁜 사람 좋은 사람 할 것 없이 여러 사람들의 말에 순종順從한다는 뜻입니다.

⭐ 모기는 피를 빨 때 잡히고, 물고기는 미끼를 물 때 잡힙니다. 사람도 이와 같아서 남의 것을 탐貪낼 때 위험危險해지는 법입니다.

❀ 시詩는 바람의 색色을 채색彩色한 것입니다.

6 June 14 목설죽두 木屑竹頭

❤️ **목**요일, 목설죽두木屑竹頭란 나무 부스러기와 대나무 조각이란 뜻으로, 쓸데없는 물건이지만 쓰일 때가 있으므로 소홀히 하지 말라는 것입니다.

⭐ 인생人生을 살다 보면 '가끔은 모르는 것이 약藥'일 경우가 있습니다. 그래서 나온 사자성어四字成語가 '알면 다쳐'입니다. ㅋㅋ

🍀 여자의 미모美貌는 냄새와 같아서 그 효과效果는 매우 짧습니다.

금장수구 錦章繡句

6 June 15

♥ **금**요일, 금장수구錦章繡句란 비단 같은 고운 문장과 수繡놓은 것처럼 화려하고 아름다운 글귀라는 뜻입니다.

⭐ 이탈리아 음악音樂을 칸초네, 프랑스 음악을 샹송이라고 합니다. 칸초네와 샹송은 그냥 노래라는 뜻을 지니고 있지만, 우리나라 음악인 트로트는 듣는 이의 마음이자 눈물이기 때문에 세계인世界人들이 열광熱狂하는 것입니다.

🍀 밤이 별을 가져다주듯, 슬픔은 진리眞理를 깨우쳐 줍니다.

6 June 16 토구土球

 **토**요일, 토구土球란 흙 구슬을 말합니다.

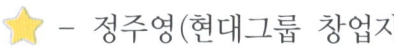 - 정주영(현대그룹 창업자),
- 라이트 형제(인류 최초 비행기 제작자)
- 카네기(강철왕)
- 찰리 채플린(영국의 희극배우)
- 토머스 에디슨(발명왕)
- 마크 트웨인('톰 소여의 모험' 작가)
- 프랭크 시내트라(가수)
- 알파치노(영화배우)
- 스티브 맥퀸(영화배우 빠삐용 주연)
- 딘 마틴(영화배우 겸 가수)
- 막심 고르기(러시아 사회주의 혁명가, 문학가) 등

위 사람들은 고등학교도 졸업卒業하지 못한 위대偉大한 분들입니다.

 의심疑心하는 것은 확인確認하는 것보다 더 안전합니다.

6 June 17 | 일념불생 一念不生

❤️ **일**요일, 일념불생一念不生이란 모든 것을 초월한 부처의 경지에 이름을 말합니다.

⭐ 링컨과 케네디 대통령

- 링컨은 1846년, 케네디는 1946년에 국회의원이 되었으며
- 링컨은 1860년 11월, 케네디는 1960년 11월에 대통령에 당선되었습니다.
- 링컨 대통령의 뒤는 부통령 앤드루 존슨이, 케네디 대통령의 뒤는 부통령 린든 존슨이 대통령직을 승계承繼하였으며, 둘 다 남부 출신南部出身입니다.
- 링컨과 케네디는 인권 옹호자였지만 암살暗殺당한 사람들입니다.
- 두 사람 모두 암살당할 때 부인이 옆에 있었으며, 뒷머리에 총을 맞고 사망하였습니다.

🍀 포기抛棄하지 않는 한 희망의 문門은 늘 열려 있습니다.

6 June 18 월경척후 越境斥候

❤️ **월**요일, 월경척후越境斥候란 국경을 넘어서 적敵의 사정을 정탐하는 것을 말합니다.

⭐ 오래 편하게 걸으려면 좋은 신발이 필요必要하듯, 행복幸福하게 오래 살려면 좋은 인연因緣이 필요합니다.

🍀 찔레꽃 할 때 '찔레'라는 이름은 가시가 찌른다는 뜻에서 온 것이며, 꽃말은 고독, 가족에 대한 그리움입니다.

6 June 19 | 화불망지 禍不妄至

❤️ **화**요일, 화불망지禍不妄至란 화禍는 함부로 오는 것이 아니라 그 원인原因이 있다는 뜻입니다.

⭐ 바꿀 수 없는 것을 바꾸려고 하는 것은 '어리석음'이고,
- 바꿀 수 있는 것을 바꾸지 않는 것은 '나태懶怠함'이고,
- 바꿀 수 없는 것을 받아들이는 것은 '평상심平常心'이고,
- 바꿀 수 있는 것을 바꾸려고 함은 '용기勇氣'입니다.
  그리고 바꿀 수 있는 것인지 없는 것인지를 구별하는 능력을 우리는 '지혜智慧'라고 합니다.

🍀 감명感銘 깊게 읽은 문장을 노트에 옮겨 적는 순간 그 문장은 의식意識에 각인刻印되어 삶의 피와 살이 됩니다.

6 June 20 수은망극受恩罔極

❤️ **수**요일, 수은망극受恩罔極이란 입은 은혜가 끝이 없다는 뜻입니다.

⭐ 곡목구곡목曲木求曲木이란 굽은 나무를 쓰면 계속해서 굽은 나무를 써야 된다는 뜻으로, 인사에 있어서 어질지 못한 사람曲木을 쓰면 결국은 그 다음 번에도 곡목曲木을 쓰게 되어 부패腐敗의 고리가 이어져 나라든 회사든 망하기 십상十常이라는 뜻입니다.

🍀 자궁子宮이란 아기의 궁전宮殿이라는 뜻입니다.

6 June 21 | 목장지폐 인장지덕 木長之弊 人長之德

❤️ **목**요일, 목장지폐 인장지덕 木長之弊 人長之德이란 큰 나무는 주변을 망가트리고, 큰 인물은 주변에 덕을 베푼다는 뜻입니다.

⭐ 여자는 울었기 때문에 세수하지만, 남자는 울기 위해 세수를 합니다.
눈물을 감추기 위하여!

✿ 꽃향기 香氣는 바람이 전하고, 사람의 향기는 마음이 전합니다.

6 June 22 | 금치산자 禁治産者

❤️ **금**요일, 금치산자禁治産者란 재산을 행사할 권리가 금지당한 사람을 말합니다.

⭐ 입안에 이빨이 빠졌다는 소리는 들어도 혓바닥이 빠졌다는 소리는 듣지 못했다는 것은, 부드러운 것은 끝까지 살아 남는다는 뜻입니다.

🍀 고향故鄕이라는 말에는 어머니 냄새가 배어있습니다.
그래서 고향이라는 말 속에는 항상 그리움이 담겨 있습니다.

6 June 23 토악거사 討惡去邪

❤️ **토**요일, 토악거사討惡去邪란 악惡한 것을 성토聲討하고, 간사하고 숨기는 것을 제거除去한다는 뜻입니다.

⭐ 세상에 불만不滿을 던지면 자신에게 불만이 돌아오고 세상에 미소微笑를 던지면 미소가 돌아옵니다. (뿌린 대로 거두는 법)

🍀 환승 이별換乘離別이란 연인戀人과 헤어지자마자 다른 연인을 만나는 행동行動을 말합니다.

6 June 24 일일천추一日千秋

❤️ **일**요일, 일일천추一日千秋란 하루가 천년 같다는 뜻으로, 그리운 정이 몹시 간절하다는 것입니다.

⭐ 여자의 가슴은 봄과 여름을 오가지만, 남자의 가슴은 가을과 겨울을 오갑니다. 그래서 남자의 술잔에는 늘 눈물이 절반折半입니다.

✿ '사람에게서 향기가 난다'할 때, 그 향기香氣는 때 묻지 않은 순수純粹하고 맑은 바람입니다.

6 June 25 월대식 月帶蝕

❤️ **월**요일, 월대식月帶蝕이란 달이 지구에 가려진 채로 뜨거나 질 때를 나타나는 월식을 말합니다.

⭐ **이은홍의 짧은 시詩 1**
- 옷 벗고 올라와 (체중계)
- 오빠 더 세게 해줘 (부채질)
- 자기야 쌀 것 같아 (할인 매장)
- 오빠 뒤로 해줘 (후방 주차)
- 오빠 불 끄고 하자 (무서운 이야기)

이런 시가 뜨고 있다니. 세상 참....

🍀 왜? 는 생각의 시작始作이자, 관찰觀察의 시작이고, 발견發見의 시작입니다.

6 June 26 화관모속 華菅茅束

❤️ **화**요일, 화관모속華菅茅束이란 부부간에는 서로 떨어져 살면 안 된다는 뜻입니다.

⭐ **이은홍의 짧은 시詩 2**
- 오빠 벌써 쌌어 (여행 가방)
- 벗으면 넣어줘 (목욕탕 옷장)
- 오빠 넣고 돌려줘 (전자레인지)
- 벗기고 빨고 핥아줘 (아이스크림)
- 자기야 입으로 해줘 (사랑한다고)
- 너랑 오늘 해 보고 싶다 (해돋이)

이 시를 보고 웃어야 할지 울어야 할지?

🍀 여자는 남자가 질투嫉妬하면 속이 좁다고 생각하고, 질투하지 않으면 사랑이 식었다고 생각합니다.

6 June 27 수악왕 작구함천헌 手握王爵口含天憲

❤️ **수**요일, 수악왕 작구함천헌 手握王爵口含天憲이란 신하가 군주를 제쳐 놓고 국정을 제 마음대로 한다는 뜻으로, '국정농단'을 말합니다.

⭐ **기도하면서 삼창 三唱할 경우**
주여! 주여! 주여! 라고 외치는 소리를 멀리서 들으면
죽여! 죽여! 죽여! 로 들릴 수 있으니,
주여! 를 예수님으로 하면 됩니다.

🔹 상처傷處는 아물지만, 그 흔적痕跡은 남습니다. 그러니 남에게 상처를 주는 말은 삼갑시다.

6 June 28 목가적牧歌的

❤️ **목**요일, 목가적牧歌的이란 농촌처럼 소박素朴하고 평화平和로우면서 서정적敍情的인 것을 말합니다.

⭐ 불평불만不平不滿을 늘어놓으면 발목 잡는 사람이 되고, 감사感謝를 열거列擧하면 손을 잡는 사람이 됩니다.

🍀 경험經驗이란 좋은 말로 경험이지, 사실은 자기 자신이 저지른 실패失敗를 미화美化한 말이기도 합니다.

6 June 29 | 금언金言과 명구名句

❤️ **금**요일, 금언金言과 명구名句를 모아 만든 책 '명심보감明心寶鑑'은 고려 충렬왕 때 문신, 추적秋適이 만든 것입니다.

⭐ 병病에는 약藥이 있고, 일에는 방법方法이 있거늘, 안된다고 말하는 것은 곧 인생人生을 포기抛棄하는 것입니다.

🍀 웃음은 강장제强壯劑이고, 안정제安靜劑이고, 진통제鎭痛劑입니다.

6 June 30 토매인土昧人

❤️ **토**요일, 토매인土昧人이란 야만인을 말합니다.

⭐ 우리나라 행정구역을 팔도로 나눈 것은 태종(1413년)이고, '조선 팔도'란 말은 성종 때 생겼습니다.
- 경상도慶尙道=경주+상주
- 충청도忠淸道=충주+청주
- 전라도全羅道=전주+나주
- 강원도江原道=강릉+원주
- 황해도黃海道=황주+해주
- 평안도平安道=평주+안주
- 함경도咸鏡道=함흥+경성
- 경기도京畿道란 왕王이 거주하는 가까운 지역을 경현京縣, 경현과 가까운 고을을 기현畿縣이라고 했는데 여기서 경현과 기현의 앞 글자를 따서 '경기'라 하였습니다.

🍀 사랑은 믿음이라는 종합綜合 비타민을 먹고 자랍니다.

7 July 01 | 일언반구 중치천금 一言半句重值千金

❤️ **일**요일, 일언반구 중치천금一言半句重值千金이란 짧은 한마디 지만 그 값어치는 천금보다 귀하다는 뜻입니다. (긴말 필요 없다는 뜻)

⭐ **8도의 별칭別稱 1**
- 경상도慶尙道를 영남嶺南이라고 하는 것은,
  조령鳥嶺과 죽령竹嶺의 남쪽에 있다는 뜻이고
- 충청도忠淸道를 호서湖西라고 하는 것은,
  제천의 의림지호義林池湖의 서쪽에 있다는 뜻이고
- 전라도全羅道를 호남湖南이라고 하는 것은,
  김제 벽골제호碧骨堤湖의 남쪽에 있다는 뜻이고
- 강원도江原道를 영동嶺東이라고 하는 것은,
  대관령大關嶺의 동쪽에 있다는 뜻입니다.

🍀 인내忍耐를 친구親舊로 삼으면 고난苦難도 역경逆境도 연인戀人이 됩니다.

184 그 입 다물라

월장경 月藏經

❤️ **월**요일, 월장경月藏經은 미래未來에 대한 부처님의 예언이 기록되어 있는 불교의 대표적인 경전經典입니다.

⭐ **8도의 별칭**別稱 **2**
- 황해도黃海道를 해서海西라고 하는 것은,
  서울을 중심으로 할 때 바다 건너 서쪽에 있다는 뜻이고
- 함경도咸鏡道를 관북關北이라고 하는 것은,
  철령관鐵嶺關 북쪽에 있다는 뜻이고
- 평안도平安道를 관서關西라고 하는 것은,
  철령관의 서쪽에 있다는 뜻이고
- 경기도京畿道는 별칭別稱이 없습니다.

🧿 마음이 무거우면 삶이 무거워집니다.

7 July 03 화신백화점 和信百貨店

❤️ **화**요일, 화신백화점和信百貨店은 유명한 친일 반민족 행위자 박흥식 씨가 1931년 종로구 공평동에 세운 우리나라 최초의 백화점입니다.

⭐ 사람은 슬플 때 울지 않으면 목소리가 상傷합니다. 그리고 몸속 장기臟器가 대신 웁니다. 우리나라 여자들이 남자들보다 8년 더 오래 사는 이유理由는 스트레스 해소를 위하여 진상들 욕辱하면서 같이 웃고 울고 떠들기 때문입니다.

🍀 다친 손으로는 일을 할 수 있지만, 다친 마음으로는 아무것도 할 수 없습니다.

7 July 04 수급불류월 水急不流月

❤️ **수**요일, 수급불류월水急不流月이란 물살이 빨라도 달은 떠내려가지 않은 것처럼, 세상의 풍파가 아무리 사나워도 자신의 본래 마음은 흔들리거나 움직이지 않아야 한다는 뜻입니다.

⭐ 결혼結婚할 때 좋은 여자, 좋은 남자 만나려고 생각하지 말고 잘 맞는 사람을 만나야 합니다.
10억짜리 차에 1,000만원짜리 좋은 볼트를 끼워도 맞지 않으면 움직이지 않습니다. 하지만 1,000원짜리 볼트를 끼워도 맞으면 잘 움직이니까요.

🍀 긍정적肯定的인 말은 생명生命의 언어言語이고, 부정적否定的인 말은 죽음의 언어입니다.

7 July 05 | 목격담 目擊談

❤️ **목**요일, 목격담目擊談이란 눈으로 직접 본 것에 대하여 이야기하는 것을 말합니다.

⭐ 여자 마음은 남자 마음보다 엄청 깨끗합니다.
왜?
너무 자주 바꾸니까요.

🍀 남자는 함부로 무릎을 꿇어서는 안 되지만, 사랑하는 여자 앞에서 무릎을 꿇는다는 것은 사랑하는 여자를 가졌다는 특권特權입니다.

7 July 06 금강역사 金剛力士

❤️ **금**요일, 금강역사金剛力士란 절寺刹을 수호하는 신장神將으로, 인왕仁王이라고도 합니다.

⭐ 무화과無花果는 꽃이 없는 열매라는 뜻입니다. 그래서 대부분의 사람들은 꽃 없이 열매를 맺는 것으로 알고 있습니다. 그러나 사실은 꽃받침과 꽃자루가 주머니 모양처럼 부풀어 오르면서 아주 작은 꽃들이 보이지 않아 붙여진 이름입니다.

🍀 사고思考의 전환轉換이란, 지는 법을 배워 이기는 법을 터득하는 것입니다.

7 July 07 | 토관직 土官職

❤️ **토**요일, 토관직土官職이란 고려와 조선 시대 때 평안도와 함경도 등의 변방 토착민에게 주었던 벼슬을 말합니다.

⭐ 조선시대朝鮮時代 때 겨울철이 되면 한강의 얼음을 떠서 동빙고東氷庫와 서빙고西氷庫에 보관保管하였는데, 동빙고엔 국가 제사용國家 祭祀用 얼음을, 서빙고엔 왕실王室과 고위관료高位官僚들이 쓸 얼음을 저장貯藏하였습니다.

🍀 귀담아듣는 것은 지혜智慧를 가져다주고, 지껄이는 것은 후회後悔를 가져다줍니다.

일면여구一面如舊

❤️ **일**요일, 일면여구一面如舊란 처음 만났지만, 옛날부터 사귄 벗처럼 친밀親密하다는 뜻입니다.

⭐ 잘 산다는 것과 부자富者는 다릅니다.
잘 산다는 것은 서로 관계關係가 좋다는 것이고, 부자는 돈이 많다는 뜻입니다.

💠 외롭다는 것은 내 주위에 좋은 사람이 없다는 것입니다.

7 July 09 | 월금月琴

❤️ **월**요일, 월금月琴이란 조선시대 국악기 가운데 사부絲部에 속하는 현악기를 말합니다.

⭐ 꽃은 피어야 향기香氣가 나고,
바람은 불어야 시원하고,
인생은 즐겨야 행복幸福합니다.

🍀 감정感情이라는 계좌計座에 믿음을 저축貯蓄하면 자연스럽게 관계가 좋아지고 단단해져서 절대 무너지지 않습니다.

7 July 10 | 화복무문 유인소소 禍福無門 惟人所召

❤️ **화**요일, 화복무문 유인소소禍福無門 惟人所召란 재앙과 복은 문이 없고 자기 행동의 결과물이라는 뜻입니다.

⭐ 자존감自尊感이 있는 사람은 유머humor 감각感覺이 뛰어납니다. 자존감은 내가 소중하다는 것 즉, 자기의 품위를 스스로 지키는 것이고, 자존심自尊心은 내가 잘 났다는 오만傲慢에서 나오는 것입니다.

🍀 사람과 사람 사이에 가장 많은 오해誤解와 갈등葛藤을 촉발觸發시키는 환각제幻覺劑가 사랑입니다.

7 July 11 수도지위교修道之謂教

❤️ **수**요일, 수도지위교修道之謂教란 자신에게 주어진 길을 꾸준히 다듬어 나가는 것을 말합니다.

⭐ 벌은 살기 위해 하늘을 날고, 물고기는 살기 위해 헤엄을 치며, 사람은 살기 위해 사랑을 해야 합니다.

🍀 사랑한다는 것은 아름다움이지만, 죽도록 사랑한다는 것은 집착입니다.

7 July 12 | 목사牧使

❤️ **목**요일, 목사牧使란 고려高麗와 조선 시대朝鮮時代 큰 고을의 우두머리를 말합니다.

⭐ 밥은 밥이 아니라 생명生命입니다.
어머니가 짓는 밥은 손이 아니라 마음으로 짓기에, 또한 솜씨가 아니라 정성精誠과 사랑으로 짓기에 꿀맛입니다. 어머니의 밥상은 밥을 먹는 것이 아니라 정성을 먹는 것이고 사랑을 먹는 것입니다.

🍀 약藥 중에 최고의 명약은 근검절약勤儉節約입니다.

7 July 13 금슬상화琴瑟相和

❤️ **금**요일, 금슬상화琴瑟相和란 부부의 정이 두텁고 사이가 좋은 것을 말합니다.

⭐ 사람은 자신自身이 흘린 눈물만큼 인생人生의 깊이를 알고, 흘린 눈물의 깊이만큼 인생의 아름다움도 압니다.

🍀 인색吝嗇하지 마십시오.
인색한 사람에게는 돈도 야박野薄하게 대합니다.

172 그 입 다물라

7 July 14 토심吐心

♥ **토**요일, 토심吐心이란 남이 좋지 않은 낯빛이나 말투로 대할 때 일어나는 아니꼽고 불쾌不快한 마음을 말합니다.

⭐ 가구家具는 고쳐 쓸 수 있지만, 사람은 고쳐 쓸 수 없습니다. 예의범절禮儀凡節이 없는 인간은 고장故障 난 인간입니다.

🍀 인생 말년에 행복幸福하기를 원한다면 재財테크tech보다는 우友테크를 잘해야 합니다.

♥ 감사합니다. ♥ 고맙습니다. ♥ 사랑합니다.

7 July 15 일념발기 一念發起

♥ **일**요일, 일념발기一念發起란 지금까지의 모든 미혹迷惑을 떨쳐 버리고 깨우침을 얻기 위해 전념한다는 뜻입니다.

⭐ 기다림은 희망希望의 또 다른 이름입니다. 그리고 몸은 가만히 있어도 마음은 이미 미래未來를 향해 달려가는 것을 말합니다.

🍀 고통苦痛, 고난苦難, 슬픔을 가볍게 날려버리는 것은 희망希望뿐입니다.

7 July 16 월식세성 月食歲星

❤️ **월**요일, 월식세성月食歲星이란 달이 세성(歲星, 목성)을 가렸다는 뜻입니다.

⭐ 진실眞實은 태양太陽과 같아서 잠시暫時동안 가릴 수 있어도 영원히 가릴 순 없습니다.

🍀 이중 허리는 무도장舞蹈場에서 선망羨望의 대상對象이나, 이중二重 인격자人格者는 어디서나 경멸輕蔑의 대상입니다.

7 July 17 화복동문禍福同問

❤️ **화**요일, 화복동문禍福同問이란 불행과 행복은 모두 자신自身이 불러들인다는 뜻입니다.

⭐ 성공成功은 특별特別한 비법秘法이 있는 것이 아니라 쏟아붓는 노력努力과 열정熱情에 정비례正比例할 뿐입니다.

🍀 오뎅이 김밥을 싫어하는 이유는 겉과 속이 다른 놈이기 때문입니다.

7 July 18 수성화수性花

❤️ **수**요일, 수성화수性花란 암술은 없고 수술만 있는 꽃을 말합니다.

⭐ 남자가 '사랑한다고' 할 때는 현재現在뿐이라는 단서端緖가 생략省略되었고, 여자가 '사랑한다'고 할 때는 당신이 나를 사랑하는 동안이라는 조건條件이 생략되었습니다.

🍀 날씬한 몸매를 원願하시면 많이 웃으십시오.
웃음은 군살 테러범이니까요.

7 July 19 | 목실木實

❤️ **목**요일, 목실木實이란 나무 열매를 말합니다.

⭐ 돈에도 중력重力이 있습니다.
고생苦生해서 번 돈은 공짜 돈보다 힘이 셉니다. 즉, 가치價値의 무게가 다릅니다.
고생해서 번 돈이 100kg이라면 공짜 돈은 1kg도 안 됩니다.
그래서 가볍게 날아갑니다, 쉽게 흐트러집니다. (뇌물, 유산, 복권 등)

🍀 변變하지 않으면 변便 즉, 똥과 오줌이 됩니다.

금작화 金雀花

7 July 20

♥ **금**요일, 금작화金雀花란 골담초骨擔草라고도 불리며, 영주 부석사의 추녀 밑에 심겨 있는 골담초는 '의상대사가 쓰던 지팡이'를 꽂은 것이 자라났다는 전설傳說이 있습니다.

⭐ 마음이 초조하고 불안不安한 것은, 가진 것이 없고 만날 사람이 없어서가 아니라 가슴에 사랑이 없기 때문입니다.

🍀 사람의 인생人生도 진화進化합니다. 우리는 그것을 성장成長 혹은 성숙成熟 이라고 합니다.

7 July 21 | 토마스 에디슨

❤️ **토**요일, 토마스 에디슨은, "나는 단 하루도 노동勞動한 적이 없다. 어떤 일을 해도 즐거워서 못 견딘다"라고 했습니다.

⭐ 재산財産은 도둑맞을 수 있지만 배움은 도둑맞을 일이 없습니다. 버려진 돌멩이에도 고개를 숙이는 것이 배움입니다.

🍀 칭찬稱讚은 행복幸福한 마음의 결정체結晶體이고, 비난非難은 원망怨望하는 마음의 결정체입니다.

7 July 22 일주문一柱門

❤️ **일**요일, 일주문一柱門이란 속세俗世를 벗어나 부처의 세계世界로 들어가는 첫 관문關門을 말합니다.

⭐ 코이(비단잉어) 물고기를 어항魚缸에서 기르면 5~6cm, 연못이나 수족관水族館에서 기르면 15~20cm, 강물에서는 90~120cm나 자랍니다. 고기도 노는 물에 따라 크기가 달라지듯이 사람도 어떤 사람을 만나느냐 또는 어떤 생각을 하느냐에 따라 인생이 달라집니다.

🍀 감사感謝를 캐내면 행복幸福이 나오고, 불평不平을 캐내면 불행不幸이 나옵니다.

7 July 23 | 월범진성 月犯鎭星

❤️ **월**요일, 월범진성月犯鎭星이란 달이 토성土星에 바짝 접근하는 것을 말합니다.

⭐ 말에도 등급等級이 있습니다.
- 말씀은 생명生命을 살리는 말이고,
- 말씨는 좋은 열매를 맺게 하는 말이며,
- 말투는 입만 열면 상대방에게 기분 나쁘게 하는 말입니다.

🍀 행복幸福은 성공成功의 밑반찬입니다.

7 July 24 화갱 和羹

💗 **화**요일, 화갱和羹이란 여러 가지 재료를 섞어 국을 만든다는 뜻으로, 천하를 잘 다스리는 정승을 말합니다.

⭐ 여자는 얼굴이 권력權力이고 재산財産이지만, 남자는 몸이 권력이고 재산입니다. 하지만 사랑할 때는 여자는 몸으로 울어야 하고, 남자는 몸으로 승부勝負를 내야 합니다.

🍀 사랑 이빨을 '사랑니'라고 하는 이유는?
사랑니는 첫사랑을 할 나이인 17~25세 때 올라옵니다. 그리고 올라올 때 첫사랑처럼 아리고 쓰리다고 하여 붙여진 이름입니다.

7 July 25 수도동귀 殊途同歸

❤️ **수**요일, 수도동귀殊途同歸란 서로 길은 달라도 도착점은 같다는 뜻입니다.

⭐ 비관론자悲觀論者는 모든 기회機會에서 어려움을 찾아내고, 낙관론자樂觀論者는 모든 어려움에서 기회를 찾아낸다.

-윈스턴 처칠-

🍀 약속約束을 지킨다는 것은 입으로 뱉은 말을 지킨다는 것이고, 또한 말을 행동行動으로 옮겨 언행일치言行一致를 보인다는 것입니다.

7 July 26 목소장 木梳匠

❤️ **목**요일, 목소장木梳匠이란 나무로 빗을 만드는 공인工人을 말합니다.

⭐ 프로가 되지 않고 성공成功하는 사람은 없습니다.
프로가 된다는 것은 내 직업職業에 목숨을 건다는 것이며, 내 직업을 즐긴다는 것이며, 내 직업을 세상에 바친다는 각오가 되어있어야 진정한 프로가 됩니다.

🍀 감사感謝하는 마음으로 걷다 보면 어느 길이든 행복幸福하지 않은 길이 없습니다.

7 July 27 | 금련보金蓮步

❤️ **금**요일, 금련보金蓮步란 미인美人의 정숙하고 아름다운 걸음걸이를 말합니다.

⭐ 정치政治는 표票를 동냥하러 다니는 구걸직求乞職 속성屬性을 지니고 있으면서도, 겉으로는 모든 사람 위에 군림君臨하는 권력權力의 황금黃金 의자에 앉을 수 있는 직종職種입니다.

🍀 내가 옳다면 화火낼 필요가 없고, 내가 잘못했다면 화낼 자격資格이 없습니다.

7 July 28 토성土聲

❤️ **토**요일, 토성土聲이란 흙 소리란 뜻으로, 우렁차고 침착한 목소리를 말합니다.

⭐ 현명賢明한 사람은 지혜智慧와 지식知識을 겸비兼備한 사람입니다. 지혜는 고통苦痛과 깨달음 속에서 싹이 트고, 지식은 끊임없이 공부하고 탐구探究하는 동안 성장成長합니다.

🍀 체온體溫이 떨어지면 몸이 병病들듯이, 냉소冷笑 즉, 무관심하거나 쌀쌀한 태도로 비웃으면 마음도 병病이 듭니다.

7 July 29 일길신량 日吉辰良

♥ **일**요일, 일길신량日吉辰良이란 받아놓은 날짜가 매우 좋다는 뜻입니다.

⭐ 마음은 자신의 모든 것들이 담겨있는 투영投影 그릇입니다. 우리가 하는 말과 행동行動 하나하나가 마음속에서 우러나와 자기 모습을 비추기 때문입니다.

🍀 사소些少하게 사는 것이 생활生活이고, 그것이 모이면 인생人生이 됩니다.

7 July 30 월오성능범月五星凌犯

❤️ **월**요일, 월오성능범月五星凌犯이란 달이 금성金星, 목성木星, 수성水星, 화성火星, 토성土星의 5개 행성 중 하나에 바짝 접근하는 현상을 말합니다.

⭐ 행복幸福의 열쇠는 금고金庫를 여는 구멍과 맞지 않고 마음을 여는 구멍과 맞습니다. 그래서 행복하게 살고 싶으면 자고 싶은 사람이 아니라 잡고 싶은 사람을 만나야 합니다.

🍀 줄수록 더 아름답고 빛나는 것이 사랑입니다.

7 July 31 화안금정 火眼金睛

❤️ **화**요일, 화안금정火眼金睛이란 불꽃처럼 이글거리는 금빛 눈동자라는 뜻으로, 모든 것을 통찰할 수 있는 혜안慧眼을 말합니다.

⭐ 맛있는 음식飮食을 먹을 때는 미소微笑가 나지만, 된장을 먹을 때는 감동感動과 존중감尊重感이 우러납니다. 된장은 시간時間이 아니라 세월歲月이라는 양념이 들어있기 때문입니다.

🍀 아무리 값비싸고 좋은 화장품化粧品이라도 젊음을 이기지 못하고, 아무리 좋은 보약補藥이라도 세월歲月을 이기지 못합니다.

8 August 01 수차매목 手遮妹目

💗 **수**요일, 수차매목 手遮妹目이란 '눈 가리고 아웅한다'는 뜻입니다.

⭐ 사랑한다면서,
- 사랑을 주지 않고 받기만 하려는 것은 〈도둑놈 심보〉
- 사랑을 준 만큼 반드시 돌려받으려고 하는 것은 〈장사꾼 마인드〉
- 사랑을 준 것보다 더 받으려는 것은 〈투기꾼 심리〉
- 사랑받을 생각 없이 한없이 베푸는 것은 〈진심으로 사랑하는 사람〉

진정眞情한 사랑이란 모든 기준점基準點을 내가 아닌 사랑하는 사람에게 맞추는 것입니다.

🍀 술酒이 센 장사壯士는 수없이 많지만, 술을 이기는 장사는 없습니다.

8 August 02 목여심적 目與心寂

♥ **목**요일, 목여심적目與心寂이란 눈과 마음이 적막寂寞하다는 뜻입니다.

⭐ 겉이 화려華麗하다고 삶까지 화려한 것이 아니며, 차림새가 남루襤褸하다고 지갑까지 빈곤貧困한 것이 아니니, 보이는 것만 가지고 사람을 판단判斷하지 마십시오.

❀ 그릇된 선입견先入見이 눈을 멀게 하고, 요망妖妄한 세 치 혀가 입을 갉아 먹습니다.

8 August 03 금잔은대 金盞銀臺

♥ **금**요일, 금잔은대金盞銀臺란 수선화水仙花의 또 다른 이름입니다.

⭐ 광화문光化門을 지키고 있는 해태獬豸는 성격性格이 곧아 잘못이 있거나 거짓을 말하는 사람을 들이받고 물어뜯는 상상 속의 동물動物로써, 정의正義를 상징象徵합니다.

✿ 남을 험담險談하는 것은 그 사람을 부러워하고 시기猜忌하고 질투嫉妬하는 마음에서 일어납니다.

♥ 감사합니다. ♥ 고맙습니다. ♥ 사랑합니다. 151

8 August 04 | 토원土垣

❤️ **토**요일, 토원土垣이란 흙으로 쌓은 담을 말합니다.

⭐ 세상에서 가장 파괴적破壞的인 것은 전쟁戰爭도 대기 오염大氣汚染도 아닙니다. 인간의 마음을 파괴하는 '언어폭력言語暴力'입니다.

🌼 웃는 시간을 많이 가져야 합니다. 웃음은 영혼靈魂의 음악音樂이니까요.

8 August 05 일진법계─眞法界

❤️ **일**요일, 일진법계─眞法界란 오직 하나의 참된 세상을 말합니다.

⭐ 포옹抱擁은 얼싸안는 것입니다.
얼싸안는다는 것은 얼(영혼)까지 감싸 안는다는 뜻으로, 가슴뿐만 아니라 상대相對의 영혼靈魂까지 감싸 안는 것을 말합니다.

🍀 로큰롤의 황제皇帝 엘비스 프레슬리를 42세에 죽음으로 이르게 한 병은 바로 심한 변비증세便秘症勢였습니다. (화장실에서 사망)

8 August 06 | 월출천개안 月出天開眼

❤️ **월**요일, 월출천개안月出天開眼, 달이 뜨니 하늘이 눈을 뜬 것 같고, 산고지거두山高地擧頭, 산이 높으니 땅이 머리를 든 것 같다고 도연명陶淵明의 시詩 사계四季에서 가을에 뜨는 달의 아름다움을 묘사하고 있습니다.

⭐ '바보 멍청이'의 5행시
- 바~라 보고 있어도
- 보~고 싶어 죽겠어
- 멍~하게 온종일 생각하고
- 청~승 맞게 가끔 눈물도 나
- 이~게 혹시 사랑인 거니....?

🍀 미소微笑는 근심을 태워버리는 찬란한 활화산活火山입니다.

8 August 07 화방花房

💗 **화**요일, 화방花房이란 기생이 거처하며 술과 유흥을 제공하는 집을 말하며, 화방의 계집은 혀끝으로 남자의 마음을 잡아 쥔다.
-구약 잠언 제22장-

⭐ 썩은 풀은 악취惡臭가 나지만 반딧불을 탄생誕生시켜 여름밤을 밝히고, 굼벵이는 더럽지만 매미로 변變하여 가을바람의 맑은 이슬을 마시게 합니다.

🍀 세월歲月에 저항抵抗하면 주름이 생기고, 세월을 받아들이면 연륜年輪이 생깁니다.

8 August 08 | 수심정기 守心正氣

❤️ **수**요일, 수심정기守心正氣란 마음을 지켜 올바른 기를 얻는다는 뜻입니다.

⭐ 생각은 꽃씨를 만들고, 행동行動은 튼튼한 가지를 만들고, 말은 가지 위에 꽃잎을 피워 열매를 맺습니다.

🔷 사랑한다는 말 한마디는 허기虛飢진 인생에 따뜻한 밥 한 끼입니다.

8 August 09 목매木魅

❤️ **목**요일, 목매木魅란 나무귀신을 말합니다.

⭐ - 내 인생에서 유용有用한 자산資産은 '겸손謙遜'
- 내 인생에서 가장 소용없는 것은 '자만심自慢心'
- 내 인생에서 치명적인 파산은 '열정熱情을 잃어버리는 것'
- 내 인생에서 가장 큰 실수失手는 '포기抛棄하는 것'
- 내 인생에서 가장 위대偉大한 것은 '사랑'입니다.

🍀 사랑 없는 평화平和보다는 차라리 아픔이 있는 사랑이 행복幸福합니다.

8 August 10 | 금장옥액 金漿玉液

♥ **금**요일, 금장옥액金漿玉液이란 주초朱草의 용액에 금과 옥을 섞어서 만든다는 신선 세계의 선약仙藥을 말합니다.

⭐ 거짓말이 여기저기 널려있는 세상, 입은 거짓말을 할 수 있어도 눈은 거짓말을 못합니다. 가장 정직正直한 소통疏通이 눈이니까요.

🍀 열정熱情, 정성精誠, 진심眞心, 겸손謙遜한 마음으로 일하는 경영자에게는 불경기가 없습니다.

8 August 11 | 토호열신土豪劣紳

❤️ **토**요일, 토호열신土豪劣紳이란 권력權力과 손을 잡고 일반 백성들을 못살게 구는 토착 세력들을 말합니다.

⭐ 향기香氣도 없고, 보여줄 수도 만질 수도 없지만, 항상 우리 가슴에 아름답게 살아 숨 쉬는 것이 사랑입니다.

✤ 희망希望은 우리의 삶에서 공짜로 누릴 수 있는 최고最高의 축복祝福입니다.

8 August 12 | 일천日天

❤️ **일**요일, 일천日天이란 관세음보살의 화신을 말합니다.

⭐ 빗물은 옷깃을 적시지만 쏟아지는 그리움은 가슴을 적십니다. 빗물에 젖은 옷깃은 말릴 수가 있지만 그리움에 젖은 가슴은 벗을 수도 말릴 수도 없습니다.

✿ 꿈을 꾸는 것은 사람이지만 사람을 만드는 것은 꿈입니다.

월외송 月外松

8 August 13

❤️ **월**요일, 월외송月外松이란 소나무 중에서 나뭇결이 곧고 쉽게 쪼개지는 것을 말합니다.

⭐ 집 안 청소清掃만 하지 말고 마음도 매일每日 청소해야 합니다. 마음이 깨끗하면 어둠이 깃들지 못하니까요.

🔷 배고파 훔친 사람보다 배부르면서 나누지 않는 사람이 더 큰 죄인罪人입니다.

8 August 14 | 화남 和南

💗 **화**요일, 화남和南이란 스님이 두 손을 모아 합장合掌하며 절하는 것을 말합니다.

⭐ 청산유수靑山流水처럼 막힘없이 말한다고 말을 잘하는 것이 아닙니다. 남에게 도움이 되는 말, 남이 들어서 위로가 되는 말을 하는 사람이 정말 말을 잘하는 사람입니다. 현인賢人이나 철인哲人들의 말이 영원히 살아남는 이유는 우리에게 도움을 주고, 들으면 마음의 위안慰安이 되기 때문입니다.

🍀 죽을 때까지 삶을 지탱支撑해 주는 것은 사랑과 일입니다.

8 August 15 수우죽백垂于竹帛

❤️ **수**요일, 수우죽백垂于竹帛이란 이름을 역사에 남긴다는 뜻입니다.

⭐ 칭기즈칸은 배신자背信者를 철저히 응징膺懲했습니다. 친구이자 적敵이였던 '자무카'에게 2번이나 전쟁戰爭에서 크게 패배敗北하고 죽을 고비까지 맞이하였지만, 그를 잡아 온 자무카 부하 장수將帥들에게, "주인을 배신해서 적에게 팔아넘기는 쓰레기들은 받아들일 수 없다"면서 그 자리에서 처형處刑하였습니다.

🍀 빈 자루를 바로 세울 수가 없듯이, 빈 머리로는 아무것도 이룰 수 없습니다.

8 August 16 목문木紋

❤️ **목**요일, 목문木紋이란 나뭇결에 나타나는 무늬를 말합니다.

⭐ "돌에는 핏줄이 없고, 칼에는 심장心臟이 없다" 라고 칭기즈칸은 부족部族에게 외쳤습니다.
이 말은 냉정冷靜함이 없으면 세상에서 살아날 수 없다는 뜻입니다.

🍀 감사感謝하는 마음은 영혼靈魂에서 피어나는 가장 아름다운 꽃입니다.

8 August 17 금지부득禁之不得

❤️ **금**요일, 금지부득禁之不得이란 못하게 말릴 수가 없다는 뜻입니다.

⭐ 낮출수록 높아지는 신기한 원리가 겸손謙遜입니다. 겸손은 삶의 지혜智慧입니다. 그래서 찻잔은 주전자보다 낮은 곳에 있어야 물을 얻습니다.

🍀 마음은 돌이나 나무처럼 형체刑體가 없기 때문에 얼마든지 바뀔 수 있습니다.

8 August 18 토목향土木香

❤ **토**요일, 토목향土木香이란 국화과 식물인 청목향靑木香의 또 다른 이름입니다.

⭐ 시인詩人이자 수필가隨筆家인 피천득은,
착한 아내는 행복幸福의 제조자製造者이자 인도자引導者라고 하였고,
탈무드에서는,
아내를 괴롭히지 마라. 하느님은 아내의 눈물방울을 세고 계신다고 했습니다.

🍀 부지런함은 행복幸福의 길이고, 게으름은 죽음의 길입니다.

8 August 19 일일지아 一日之雅

❤️ **일**요일, 일일지아一日之雅란 하루의 사귐이라는 뜻으로, 가벼운 교제를 말합니다.

⭐ 19세기 말 영국의 거물급 정치가인 글래드스턴이 상대 당相對黨 소속인 디즈레일리가 성공리에 정견 발표政見發表를 마치자, 디즈레일리에게 "내가 믿을 만한 소식통에 의하면 당신이 성병性病에 걸렸다는데 사실이오."라고 하자 순식간에 국회의사당 안은 찬물을 끼얹은 듯 조용했고, 너무나 끔찍한 모욕侮辱을 당한 그는 싱글벙글 웃고 있다가 미안한 표정表情을 지으면서, "글래드스턴씨 당신은 그 사실을 어떻게 알았습니까? 내가 당신의 애인과 비밀리에 하룻밤을 자고 나서 그렇게 되었는데, 아마 그 여자가 당신에게 일러바친 모양이지요?" 재치才致있는 유머는 인생을 바꾸어 놓습니다.

💠 노력努力은 재능才能을 이깁니다.

8 August 20 | 월명년越明年

❤️ **월**요일, 월명년越明年이란 다음 해라는 뜻으로, '후년'을 이르는 말입니다.

⭐ 소신所信은 분명한 원칙原則과 논리論理에 바탕을 두고, 고집固執은 자신의 자존심自尊心에 초점을 맞춘 것입니다. 그 차이는 불통不通이라는 단어를 붙여보면 알 수 있습니다. 고집불통固執不通은 있어도 소신불통所信不通은 없으니까요.

- 한근태의 〈고수의 일침〉 중에서 -

🍀 야채野菜는 채소菜蔬를 가리키는 일본말입니다.

8 August 21 화무일어다정밀 花無一語多情蜜

❤️ **화**요일, 화무일어다정밀花無一語多情蜜이란 꽃은 말이 없어도 꿀을 많이 간직하고 있다는 뜻입니다.

⭐ 꽃이 꿀을 품고 있으면 부르지 않아도 벌과 나비는 스스로 찾아온다는 말은, 여자가 지혜智慧로우면 뭇 사내들이 찾는다는 뜻입니다.

🍀 큰일은 진지眞摯하게 받아들이면서 사소些少한 일은 경시輕視하는 것이 몰락沒落의 시작입니다.   -헤르만 헤세-

8 August 22 수상포덕守常抱德

❤️ **수**요일, 수상포덕守常抱德이란 눈앞의 일에 충실하고, 덕德스러운 마음으로 자기 일에 임하는 것을 말합니다.

⭐ 사주팔자四柱八字가 따로 있는 것이 아니라, 그 사람의 말과 행동行動이 바로 그 사람의 사주팔자입니다.

🍀 화火를 낸다는 것은 상대를 무시無視하는 마음이 있기 때문입니다.

8 August 23 목련잠 木蓮簪

❤️ **목**요일, 목련잠木蓮簪이란 머리에 목련꽃을 새긴 비녀를 말합니다.

⭐ 운명運命은 우연偶然이 아니라 선택選擇이며, 기다리는 것이 아니라 쟁취爭取하는 것입니다.

🟦 잘못을 인정認定하고 고치겠다는 마음이 바로 새로운 인생의 출발점出發點입니다.

8 August 24 - 금년사거년 今年似去年

❤️ **금**요일, 금년사거년今年似去年이란 올해도 작년이나 다름이 없다는 뜻입니다.

⭐ 원료原料를 상품商品으로 만들어 파는 시대는 끝났습니다.
이제는 상상력想像力과 혁신革新을 파는 시대입니다.
창의력創意力이 지배支配하는 시대입니다.
사람이 국경國境을 넘기 위해서는 엄청난 장애물障碍物과 제약制約이 있지만 좋은 기술, 좋은 아이디어, 좋은 특허는 국경을 초월합니다.
구글, 아마존, 마이크로 소프트 등을 보십시오.

🍀 '고맙습니다', '감사합니다'라는 말 한마디가 신뢰信賴 관계를 깊게 합니다.

8 August 25
토목 吐木

💗 **토**요일, 토목吐木이란 옛날 기와를 굽는 데 쓰던 장작長斫을 말합니다.

⭐ 챔피언은 자신의 깊은 내면內面에 있는 소망所望, 이상理想, 꿈을 향한 열정熱情이 만들어 낸 땀의 결과물結果物입니다.

🍀 미소微笑짓는 얼굴에는 사랑과 용서, 이해와 친절, 여유가 담겨 있습니다.

8 August 26 | 일전여명一錢如命

❤️ **일**요일, 일전여명一錢如命이란 한 푼의 돈을 목숨같이 여긴다는 뜻으로, 매우 인색함을 이르는 말입니다.

⭐ 우리는 사랑을 하고 사랑받아야 합니다.
왜?
신神이 우리에게 부여附與한 특권特權이 사랑이니까요.

✿ 서류 가방을 든 변호사辯護士 한 명이 권총을 든 사내 백 명보다 더 많은 것을 훔칠 수 있습니다.

8 August 27 | 월화문月華門

♥ **월**요일, 월화문月華門이란 달빛이 비친다는 뜻으로, 경복궁의 서쪽 문을 말합니다.

⭐ 어미 거미는 새끼를 낳으면 자기 피를 먹여 키웁니다. 피가 다 떨어지면 죽는다는 것을 알면서도 마지막 남은 한 방울의 피까지 다 주고 자신은 말라 비틀어져서 죽습니다.

✿ 투표용지投票用紙는 종이로 만든 총탄銃彈)입니다.

8 August 28 | 화궁花宮

❤️ **화**요일, 화궁花宮이란 절寺을 말합니다.

⭐ 꿈을 날짜와 함께 적으면 목표目標가 되고, 목표와 함께 나누면 계획計劃이 되며, 계획을 실천實踐하면 꿈이 이루어집니다.

🍀 세월歲月의 포로捕虜가 되지 말고 세월의 주인공主人公이 될 때 인생의 승리자가 됩니다.

8 August 29
수후누수 隨後婁藪

❤️ **수**요일, 수후누수隨後婁藪란 머리 위에 있으면서 사람이 가는 대로 추종한다는 뜻으로, 부화뇌동附和雷同을 말합니다.

⭐ 달리기에서 거북이가 토끼를 이길 수 있었던 이유는, 토끼는 경쟁자競爭者를 생각하며 달렸고, 거북이는 목표目標를 향해 달렸기 때문입니다.

🍀 항상 웃는 바보에게는 암癌이 전혀 발생發生하지 않습니다. 암의 천적인 웃음을 생활화할 때 행복幸福은 덤으로 따라오기 때문입니다.

8 August 30 | 목련소문경 目連所問經

💗 **목**요일, 목련소문경目連所問經이란 부처님 10대 제자 중 신통神通이 제일이었던 목련존자木連尊者의 이름을 따서 만든 경전經典을 말합니다.

⭐ '살아남는 지식知識'이란 일상생활日常生活에서 스스로 깨우친 지식을 말합니다. 살아남는 지식은 역경逆境과 시련試鍊, 아픔과 슬픔의 경험에서 깨닫고 깨우친 지혜智慧입니다.

🌼 만상불여심상萬相不如心相이란 외모外貌가 아무리 잘 생겨도 마음 바른것만 못하다는 뜻입니다.

8 August 31 | 금지지우필추 禽之止羽必墜

● **금**요일, 금지지우필추禽之止羽必墜란 새가 앉는 곳마다 깃이 떨어진다는 뜻으로, 직장을 자주 옮기면 좋지 않다는 것을 말합니다.

⭐ 인간에게 가장 무서운 병病은 '절망絶望'이라는 악성 종양惡性腫瘍이지만, 희망希望과 기쁨은 암세포癌細胞를 죽이는 명약名藥입니다.

✿ 생각도 일종의 언어입니다.
행복한 삶을 위해 좋은 생각, 긍정적인 생각을 친구로 둬야 합니다.

9 September 01 토조土調

♥ **토**요일, 토조土調란 우리나라의 가락을 말하는 향조鄕調의 다른 이름입니다.

⭐ 비누의 세정洗淨원리는 물과 기름의 경계를 허무는 계면활성력界面活性力 때문입니다. 세계 최초로 비누를 개발한 회사는 1873년에 일본의 쓰쓰미였으며, 국산 비누는 1947년에 시판된 빨래 비누인 〈무궁화〉가 최초이고, 일반 비누는 1956년에 애경이 생산한 〈미향〉입니다.

🍀 떠난 사랑이 아름다운 것은 그리움이 있기 때문입니다.

일동마련 一同磨鍊

❤️ **일**요일, 일동마련一同磨鍊이란 여럿이 합의合議하여 결정하는 것을 말합니다.

⭐ 몸은 음식飮食으로 힘을 얻고, 마음은 생각으로 힘을 얻습니다. 좋은 생각, 바른 생각, 긍정적肯定的인 생각은 마음의 힘이 되는 영양제營養劑입니다.

🍀 미국美國에 시계時計가 있다면 우리에겐 시간時間이 있다.   -탈레반-

❤️ 감사합니다. ❤️ 고맙습니다. ❤️ 사랑합니다.

9 September 03 | 월기부해음 月旣不解飮

❤️ **월**요일, 월기부해음月旣不解飮이란 달은 술을 마실 줄 모른다는 뜻입니다.

⭐ 한 사람을 살리고 죽이는 것은 손보다도 혓바닥에 달려 있습니다. 언어 순화言語醇化를 생활화할 때 기쁨은 스스로 찾아옵니다.

💠 최후最後의 승자勝者는 희망希望을 욕심慾心내고, 어떤 일이 있어도 희망을 포기抛棄하지 않는 사람이다.
                                               -세르반데스-

9 September 04　화노花奴

♥ **화**요일, 화노花奴란 무궁화를 말합니다.

⭐ **'바람과 함께 사라지다'의 작품탄생**作品誕生
1900년에 애틀랜타에서 태어난 마가렛 미첼은, 1949년 교통사고로 눈을 감기까지 단 한 편의 작품을 남겼는데 그 작품이 바로 〈바람과 함께 사라지다〉입니다. 낙마 사고落馬事故로 깊은 절망 속에서 헤맬 때 남편의 권유로 소설을 쓰게 되었고, 출판사의 거절로 수많은 시련試鍊을 겪었지만 결국 크게 성공하였으며, 이 작품의 마지막 문장에서는 "내일은 다시 내일의 태양이 솟아오른다"라고 했습니다.

❀ 세상에서 가장 인색吝嗇한 일은 웃음을 아끼는 일입니다.

9 September 05 | 수시여전受施如箭

❤️ **수**요일, 수시여전受施如箭이란 시주施主 받는 것을 화살을 맞는 것처럼 두려워하라!는 뜻입니다. 　　　　　-성철 스님-

⭐ 서양 속담에 의하면,
'토마토'가 빨갛게 익으면 의사醫師들의 얼굴이 새파랗게 변變한다고 했습니다. 이것은 토마토가 사람에게 얼마나 좋은 식품인지 단적端的으로 표현表現한 것입니다.

🍀 전생前生은 오늘의 과거요. 내일은 오늘의 미래입니다.

목연지효가 目蓮至孝歌

9 September 06

❤️ **목**요일, 목연지효가目蓮至孝歌란 불교 가요의 한 곡명曲名을 말합니다.

⭐ 아직 읽지 못한 책을 읽는 것은 새로운 좋은 친구를 얻는 것과 같고, 이미 읽은 책을 다시 읽는 것은 죽은 친구를 만나는 것과 같습니다.

🍀 짊어진 짐이 무거워 불편不便하다면 그것은 욕심慾心이 과過한 탓입니다.

❤️ 감사합니다. ❤️ 고맙습니다. ❤️ 사랑합니다.

9 September 07 | 금탕지고 비속불수 金湯之固非粟不守

❤️ **금**요일, 금탕지고 비속불수金湯之固非粟不守란 견고堅固한 성城도 양식糧食이 떨어지면 지킬 수 없다는 뜻입니다.

⭐ "책 한 권 읽은 사람이 두 권 읽은 사람을 결코 앞설 수 없고, 마음의 파산破産을 막는 길은 독서讀書뿐이다"라고 했습니다.
　　　　　　　　　　　　　　　　　　-부도 야마하루-

🍀 미국 뉴욕주 보건 당국은 설탕을 1급 살인 물질殺人物質로 지정한 지 오래입니다.

September 9/08 토마스 풀러

💗 **토**요일, 토마스 풀러는 돈은 사랑의 핏줄이자 전쟁의 핏줄이라고 했습니다.

⭐ 인생의 오복五福은,
1. 수壽: 오래 사는 것
2. 부富: 잘 사는 것
3. 강녕康寧: 건강하게 사는 것
4. 유호덕攸好德: 덕을 좋아하여 즐겁게 행하는 일
5. 고종명考終命: 제명대로 살다가 깨끗이 죽음을 맞이하는 것입니다.

🍀 친절親切은 모든 미덕美德이 타고 오르는 사다리입니다.

9 September 09 일다경—茶頃

❤️ **일**요일, 일다경—茶頃이란 한 잔의 차를 마실 정도로, 매우 짧은 시간을 말합니다.

⭐ 우리들 마음에 지워지지 않는 발자국을 남긴 종교계의 큰 어르신 세 분은. 성철 스님, 김수환 추기경님, 한경직 목사님으로서 각 종교를 떠받치는 기둥이었습니다.
이분들을 한데 묶는 공통어는 청빈淸貧입니다.
- 성철 스님은, 열반涅槃할 때 누더기 두 벌
- 김수환 추기경은, 선종善終할 때 신부복과 묵주默珠
- 한경직 영락교회 목사님은, 소천召天할 때 휠체어, 지팡이, 겨울 털모자가 전부로써, 이 세분은 가난한 부자였습니다.

🌼 말은 그 사람의 생각이자 영혼靈魂의 무늬입니다.

9 September 10 월명부인月明夫人

❤️ **월**요일, 월명부인月明夫人이란 신라 28대 진덕여왕의 어머니 박 씨를 말합니다.

⭐ 삶의 지혜智慧는 듣는 데서 비롯되고, 삶의 후회後悔는 대개 말하는 데서 비롯됩니다. 잘 말하기 위해서는 잘 들어야 하고, 그것이 상대와 나에 대한 존중尊重입니다.

— 이기주 작가의 〈말의 품격〉 중에서 —

🍀 경험經驗은 지혜智慧를 낳게 해주는 새싹의 태반胎盤이자 영양분營養分입니다.

9 September 11 화성추월 華星秋月

💗 **화**요일, 화성추월華星秋月이란 남의 편지에 대한 높임말로, 편지를 청명한 가을에, 편지 속의 글자를 빛나는 별에 비유한 것입니다.

⭐ **조선을 대표하는 6대 화가삼원, 삼재**

삼원 三園
- 단원檀園 김홍도金弘道
- 혜원蕙園 신윤복申潤福
- 오원吾園 장승업張承業

삼재 三齊
- 공재恭齋 윤두서尹斗緖
- 현재玄齋 심사정沈師正
- 겸재謙齋 정선鄭敾을 말합니다.

🍀 시詩를 읽는 순간 마음의 상처傷處는 꽃이 됩니다.

9 September 12 수레국화 菊花

❤️ **수**요일, 수레국화菊花의 꽃말은 행복幸福입니다.

⭐ 새가 살아있을 때는 개미를 잡아먹지만, 새가 죽으면 개미가 새를 뜯어 먹습니다. 힘이 있다고 남을 무시無視하고 상처傷處 주지 마십시오. 지금은 힘이 있을지 모르지만, 시간時間이 지나면 당신보다 더 힘이 셉니다.

🍀 성욕性慾을 앞세운, 사랑한다는 말은 상대를 꼬시기 위한 작전상의 '화장 발언어'입니다.

9 September 13 목파조 木波槽

♥ **목**요일, 목파조木波槽란 나무로 만든 물통을 말합니다.

⭐ WHO로부터 세계 최고의 장수촌長壽村으로 인정받은 일본의 오키나와 장수촌 기념비紀念碑에는, 80살은 사라와리비어린이, 90살에 저승사자가 데리러 오거든 100살이 될 때까지 기다리라는 속담俗談이 적혀있습니다. 하지만 1971년 미군기지가 들어서면서 패스트푸드의 대명사인 맥도널드 상륙과 함께 통조림, 피자, 햄버거 등으로 식생활食生活이 서구화西歐化된 이후 평균수명이 일본에서 꼴찌로 추락墜落하고 말았습니다.

🍀 존중尊重이란 남을 먼저 배려配慮하고 인정認定하는 마음입니다.

9 September 14 금문金文

♥ **금**요일, 금문金文이란 임금의 명령을 백성들에게 알릴 목적으로 적은 문서를 말합니다.

⭐ 허균은 우리나라 최초의 한글 소설 '홍길동 전'을 썼으며, 그의 아버지 허엽은 황진이의 육체적 유혹誘惑에도 넘어가지 않았던, 당대 최고의 문장가文章家 화담 서경덕을 스승으로 모셨고, 허균의 스승은 서애 류성룡과 사명대사 그리고 손곡 이달이었습니다. 허균의 누이이자 조선 최고의 여류 시인이었던 허난설헌의 스승 역시 손곡 이달이었습니다. 사명대사와 류성룡은 허균의 둘째 형인 허봉과 친구였으며, 허균은 광해군의 스승이었지만 광해군에 의해 사지를 찢어 죽이는 거열형車裂刑을 당하였습니다.

🍀 꿈꾸는 나무는 시들지 않습니다.

9 September 15 토목형해 土木形骸

♥ **토**요일, 토목형해土木形骸란 흙과 나무로 된 뼈대라는 뜻으로, 외모外貌에 신경을 쓰지 않음을 말합니다.

⭐ 정情은 깡통과 같아서 찌그러질 수는 있어도 깨어지지는 않습니다. 하지만 사랑은 신뢰信賴가 무너지면 찌그러지는 것이 아니라 깨어지는 것입니다.

🍀 견득사의見得思義란
이익利益을 보거든 옳은 것인가를 생각하고 행동하라는 뜻입니다.

9 September 16 — 일고경성 一顧傾城

♥ **일**요일, 일고경성一顧傾城이란 한 번만 돌아봐도 성城을 기울게 한다는 뜻으로, 절세미인을 말합니다.

⭐ **기독교基督教에서 13자와 금요일을 기피忌避하는 이유**
- 예수그리스도가 십자가에 못 박혀 처형處刑된 날이 13일의 금요일
- 예수그리스도 처형處刑되기 전날 12명의 제자弟子와 '최후의 만찬'을 가졌는데 참석한 인물이 예수를 포함하여 13명
- 예수그리스도를 배반한 제자로서 흔히 '가롯 유다'라고 부르는 유다 이스카리옷Judas Iscariot의 스펠링이 13자
- 아담과 하와(이브)가 에덴동산에서 선악과를 따먹은 날이 금요일金曜日
- 아담의 아들인 카인이 동생 아벨을 죽인 날이 '금요일'
- 노아의 방주에서 대홍수大洪水를 맞은 날이 '금요일'
- 고대 이스라엘의 예루살렘 궁전이 붕괴崩壞된 날이 '금요일'이었습니다.

🍀 용기勇氣는 겨자처럼 작아도 점점 성장成長해서 거목巨木이 됩니다.

♥ 감사합니다. ♥ 고맙습니다. ♥ 사랑합니다. 107

9 September 17 월령의원月令醫員

♥ **월**요일, 월령의원月令醫員이란 죄수를 보살피기 위하여 혜민국惠民局과 제생원濟生院에서 매달 지명하여 보냈던 의원을 말합니다.

⭐ 우리나라 최초로 천주교天主教를 들여온 인물은 허균입니다. 천주교 12단端이라는 책을 들여옴으로써 천주교의 기초를 마련하였지만, 그는 불교佛教를 믿는다는 이유로 탄핵彈劾당하기도 하였습니다.

🍀 칭찬稱讚은 천재적天才的 수리공입니다. 고장 난 인생도 고쳐주니까요.

9 September 18 | 화해 花蟹

❤️ **화**요일, 화해花蟹란 꽃게를 말합니다.

⭐ 인생人生의 꽃은 만남이고,
성품性品의 꽃은 겸손謙遜이고,
청년靑年의 꽃은 열정熱情이고,
중년中年의 꽃은 배려配慮이고,
노년老年의 꽃은 건강健康입니다.

🍀 인생人生을 모래 위에 짓지 말고, 확고確固한 진리眞理 위에 지을 때 행복幸福이 찾아옵니다.

9 September 19 | 수부首府

❤️ **수**요일, 수부首府란 한 나라의 중앙 정부中央政府가 있는 도시를 말합니다.

⭐ **추석의 대표 음식 '송편'의 유래**由來
떡에 솔잎을 넣는다고 하여, 소나무 송松자에 떡 병餠자를 합하여 송병松餠이라고 불렀는데, 오늘날에 이르러 '송편'이라 부르게 되었습니다.

🌸 정성精誠은 절대 거짓말을 하지 않습니다. 나쁜 일에 정성을 들이면 나쁜 결과結果가 나타나고, 좋은 일에 정성을 들이면 좋은 결과가 나타나니까요.

9 September 20 목자牧者

❤️ **목**요일, 목자牧者란 목축을 직업으로 하는 사람을 말합니다.

⭐ 미국美國의 추석秋夕인 '추수 감사절Thanksgiving Day'의 유래. 1620년 영국英國의 청교도인清教徒人들이 박해迫害를 피해 메이플라워호를 타고 아메리카에 도착하였지만, 새로운 땅에 적응適應하지 못하자 아메리카 원주민들은 영국 이주자移住者들에게 농사짓는 법을 가르쳐 많은 수확收穫을 얻게 하였습니다. 이에 이주자들은 원주민들을 초대하여 감사感謝의 뜻으로 큰 축제祝祭를 열었고, 이것이 추수 감사절Thanksgiving Day의 시작이 되었습니다. 미국의 추석 즉, 추수 감사절秋收感謝節은 매년 11월 넷째 주 목요일입니다.

🍀 여행旅行은 서서하는 독서讀書이고, 독서는 앉아서 하는 여행입니다.

❤️ 감사합니다. ❤️ 고맙습니다. ❤️ 사랑합니다. 103

9 September 21 | 금생고락 今生苦樂

❤️ **금**요일, 금생고락今生苦樂이란 현재 겪는 고통苦痛과 즐거움을 말합니다.

⭐ 옥玉은 갈지 않으면 그릇을 만들 수 없고, 사람은 배우지 않으면 지혜智慧를 얻지 못합니다.

🔷 아름다운 모습은 눈에 남고, 멋진 말은 귀에 남지만 따뜻한 베풂은 가슴에 남습니다.

9 September 22 　토마스 풀러

❤️ **토**요일, 토마스 풀러는 '바보는 방황하고, 현명한 사람은 여행을 한다'라고 했습니다.

⭐ 운동運動은 꾸준함이 생명生命입니다.
일시적으로 몇 번 하는 것은 도움이 안 됩니다. 그리고 불끈불끈한 팔 근육이나 복근腹筋은 여자들의 눈요기를 위한 육체적 미용美容의 사치奢侈에 불과합니다.

🍀 건강健康이 인생 최고最高의 선물膳物입니다.

9 September 23 | 일단유급 一旦有急

❤️ **일**요일, 일단유급一旦有急이란 하루아침에 급한 일이 생긴다는 뜻으로 비상사태를 말합니다.

⭐ 대패질은 목수木手에게 맡겨야 하듯, 정치政治도 도리道理를 아는 성숙成熟한 정치인이 해야 국민國民을 편안便安하게 합니다. 목수가 아닌자가 대패질을 하면 자기 손을 자해自害하기 쉽듯이, 정치도 마찬가지입니다. 정치 도리를 모르는 사람이 정치를 하면 국민의 살림을 파탄시킵니다.

✽ 사과謝過를 잘하는 사람보다 잘못하지 않는 사람이 따뜻한 세상을 만들어 갑니다.

9 September 24 월수불래月水不來

❤️ **월**요일, 월수불래月水不來란 폐경閉經을 말합니다.

⭐ **지상地上의 완전完全한 숫자 4에서 비롯된 것들 1**
조물주造物主께서 천지를 창조創造할 때 숫자 4를 염두念頭에 두고 모든 만물萬物을 창조하셨습니다.
숫자 4는 완전성完全性, 합리성合理性, 질서秩序를 상징합니다.
- 동서남북東西南北의 기본 방위
- 춘하추동春夏秋冬의 4계절인 봄, 여름, 가을, 겨울
- 초승달, 상현달, 보름달, 하현달 4가지 모양을 달리하는 달은, 어둠을 밝혀 많은 사람의 가슴에 소망所望을 담아줍니다.

🔷 진정성眞情性 있는 고백告白은 자신의 맨살을 드러내는 것과 같습니다.

9 September 25 | 화지畵紙

❤️ **화**요일, 화지畵紙란 그림을 그리는 데 쓰는 질이 좋은 종이를 말합니다.

⭐ **지상地上의 완전完全한 숫자 4에서 비롯된 것들 2**
- 물水, 불火, 공기空氣, 흙土은 고대 철학자哲學者들이 주장한 만물萬物을 구성하는 4원소元素이고
- 길이, 넓이, 깊이, 높이는 공간空間을 측정할 때 쓰는 4가지 방법이고
- 사방팔방四方八方 즉, 사통팔달四通八達은 막힌 곳이 없이 모든 방향으로 통한다는 뜻이고
- 사면춘풍四面春風은 모든 곳에 봄바람이 분다는 뜻으로, 어떠한 경우라도 누구에게나 따뜻한 얼굴로 대하는 것을 말합니다.

🍀 책은 모든 잡념雜念을 없애 주고, 사람을 사람답게 해주는 샘물입니다.

9 September 26 수심이어취 水深而魚聚

❤️ **수**요일, 수심이어취水深而魚聚란 물이 깊으면 고기가 모여 든다는 뜻으로, 덕이 높은 군자에게는 사람이 모인다는 것을 말합니다.

⭐ **지상地上의 완전完全한 숫자 4에서 비롯된 것들 3**
- 그리스도교에서 4는 4가지 복음서福音書를 말합니다. 〈마태복음〉, 〈마가복음〉, 〈누가복음〉, 〈요한복음〉의 4가지 책은 예수의 가르침과 생애生涯에 관한 기록입니다.
- 정사각형正四角形의 4변
- 십자가十字架의 4개의 팔
- 사해동포四海同胞의 사해는 온 천하를 의미하고, 온 세상 사람들은 모두 형제같이 지내야 한다는 뜻입니다.

🍀 독서讀書를 많이 해야 합니다. 독서는 지식知識의 샘이 되니까요.

9 September 27 목산마 木散馬

♥ **목**요일, 목산마木散馬란 나무로 만든 안장鞍裝을 지우지 아니한 말의 형상을 말합니다.

⭐ **지상地上의 완전完全한 숫자 4에서 비롯된 것들 4**
- 불교에서는 자慈, 비悲, 희喜, 사捨의 4가지 방의芳意
- 사찰에 가보면 동서남북으로 사천왕四天王 즉, 4종류의 영적靈的인 동물인 청용青龍, 백호白虎, 주작朱雀, 현무玄武가 있습니다.
- 오늘날 문명文明을 이루는데 원천이 된 세계 4대 문명은, 메소포타미아, 황하, 인더스, 이집트 문명을 말합니다.

🍀 시기猜忌와 질투嫉妬가 떠난 자리에는 사랑과 너그러움이 찾아옵니다.

9 September 28 | 금불엄좌 기중토개 金佛儼坐其中土芥

❤️ **금**요일, 금불엄좌 기중토개金佛儼坐其中土芥란 겉은 훌륭하나 속은 지저분한 사람을 풍자諷刺한 말입니다.

⭐ **지상地上의 완전完全한 숫자 4에서 비롯된 것들 5**
- 건물도 대부분 사각형四角形을 기본으로 하는 것은 땅에 기초를 둔 구조 중 가장 안정적인 구조이기 때문입니다.
- 생년월일生年月日을 토대로 삶의 길흉화복吉凶禍福을 점占칠 때 사주四柱를 보고, 팔다리가 튼튼한 것을 가리켜 사지四肢가 멀쩡하다고 합니다.
- 야구에서 대표적인 강타자强打者는 4번 타자
- 지구의 축제라 불리는 월드컵과 올림픽도 4년마다 열립니다.

🍀 영국 속담에 의하면 '아내는 평화를 짜는 사람 Peace Weaver'이라고 했습니다.

9 September 29 토모土茅

❤️ **토**요일, 토모土茅란 천자天子가 제후諸侯에게 땅을 줄 때 내리는 흙과 띠를 말합니다.

⭐ **지상地上의 완전完全한 숫자 4에서 비롯된 것들 6**
- 수영水泳과 육상陸上에서 기록이 가장 좋은 선수가 4번 레인에 배정配定을 받고
- 세상을 아름답게 해 줄 것이라는 4가지 마음

  인의예지仁義禮智
  ① 인仁, 남을 불쌍히 여기고 곤경에 처한 사람을 측은하게 여기는 마음
  ② 의義, 불의를 부끄러워하고, 옳고 그름을 생각하는 마음
  ③ 예禮, 남을 공경하고, 사양하고, 양보하는 마음
  ④ 지智, 학문 연구에서 진리를 밝히는 마음
- 세계 4대 성인聖人
  공자, 석가모니, 소크라테스, 예수

🍀 뇌물賂物은 가시가 달린 생선과 같아서 삼키면 목구멍에 걸리게 되어 있습니다.

9 September 30 일진청풍―陳淸風

❤️ **일**요일, 일진청풍―陳淸風이란 한바탕 부는 시원한 바람을 말합니다.

⭐ 1927년 8월 10일 미국美國 북부 사우스다코타주에서는 미국을 위대偉大하게 만든 대통령大統領 4명을 큰 바위 얼굴로 새겼습니다.

- 조지 워싱턴 : 미국을 건국建國한 초대 대통령으로 얼굴 18m, 코 6m, 입 5.4m입니다.
- 제퍼슨 : 3대 대통령으로, 루이지애나주를 프랑스 나폴레옹으로부터 사들여 영토를 확장한 인물.
- 링컨 : 16대 대통령으로 남북으로 갈라진 미국을 통합統合한 인물.
- 루스벨트 : 26대 대통령으로 미국을 최강대국으로 만든 최연소 대통령(42세)입니다.

우리나라는 언제쯤 큰 바위에 얼굴이 새겨지는 위대한 대통령이 나타날까요?

🍀 달력月曆에는 검은 날이 있기에 빨간 날이 더 빛납니다.

10 October 01　월도月度

♥　**월**요일, 월도月度란 달月의 기울기를 말합니다.

⭐　아이들의 머리는 자동차 연료통自動車 燃料桶이 아닙니다. 이제는 머리를 채우는 교육敎育이 아니라 스스로 답을 찾는 교육으로 바꿔야 세계世界의 미래未來를 대한민국大韓民國이 지배支配할 수 있습니다.

🍀　칭찬稱讚은 최고급 성형 수술成形手術입니다. 피부와 인상을 아주 곱게 만들어 주니까요.

10 October 02 화악花萼

❤️ **화**요일, 화악花萼이란 꽃받침을 말합니다.

⭐ 학벌學閥이 필요 없는 사회社會를 만든 일본日本의 다나카田中 수상.
그가 일본의 명문대 수재들이 모여 일한다는 대장성大藏省의 장관으로 임명
되었을 때, 직원들은 다나카를 무시하면서 불만이 보통이 아니었습니다. 하지만 취임 인사를 시작한 지 불과 1분 만에 불만不滿은 말끔히 해소解消되었습니다.

"나는 겨우 초등학교를 마쳤습니다. 대장성의 일에 대해서는 전혀 모릅니다. 그러니 대장성의 일은 여러분들이 하십시오. 나는 뒤에서 책임責任만을 지도록 하겠습니다."라고 했습니다.

※ 일본은 천황天皇이 군주로 있는 입헌군주국으로 행정권이 속하는 내각 수장의 공식 명칭은 '내각총리대신'이지만 '수상'이라고도 칭하며, 일반적으로 '총리'라고 부르고 있습니다.

🔷 성공成功하고 싶으면 오늘을 디자인design하고 오늘을 다 쓰십시오.

10 October 03 | 수초황엽일樹初黃葉日

❤️ **수**요일, 수초황엽일樹初黃葉日이란 나뭇잎이 누렇게 물든다는 뜻으로, 가을을 말합니다.

⭐ 부국父國은 아버지 나라라는 뜻이고, 모국母國은 어머니 나라라는 뜻입니다. 부국이라고 하지 않고 모국이라고 하는 이유는, 어머니는 절대絶對 자식을 버리지 않기 때문입니다. 그런데 현실現實은?

🍀 책을 읽고 음악音樂을 듣고 여행旅行을 하는 것은 내가 나를 탐구探究하기 위한 몸부림입니다.

10 October 04 | 목장牧杖

❤️ **목**요일, 목장牧杖이란 가톨릭 고위 성직자들이 품위品位와 관할권管轄圈을 나타내기 위해 지니고 다니는 지팡이를 말합니다.

⭐ 고기는 씹을수록 맛이 나고, 책은 볼수록 그 맛이 다르며, 사랑은 깊을수록 감미甘味로운 맛에 취醉하여 영혼靈魂을 바보로 만듭니다.

🍀 생각하는 대로 살지 않으면, 사는 대로 생각하게 됩니다.

— 폴 발레리 —

10 October 05 | 금석하석 今夕何夕

❤️ **금**요일, 금석하석今夕何夕이란 오늘 밤은 매우 감탄할 정도로 즐겁다는 뜻입니다.

⭐ 새벽은 어김없이 찾아옵니다. 그러나 누구에게나 오는 것이 아니라 잠에서 깨어나 새로운 삶을 향해 움직이는 사람에게만 찾아옵니다.

🍀 긍정肯定의 마음은 세월歲月의 나이를 초월超越하여 만년 소년, 소녀로 만들어 줍니다.

토악지로吐握之勞

❤️ **토**요일, 토악지로吐握之勞란 뛰어난 인물을 얻기 위해 애쓴다는 뜻입니다.

⭐ 꿈은 비전vision입니다.
황무지荒蕪地를 옥토沃土로 만들고, 찾아가지 않아도 산 넘고 물 건너 구석구석에 있는 희망希望을 찾아가지고 옵니다. 그래서 불가능不可能한 꿈은 없습니다.

🍀 지족제일부知足第一富란 만족滿足을 아는 사람이 최고의 부자富者라는 뜻입니다.

10 October 07 | 일지춘一枝春

❤️ **일**요일, 일지춘一枝春이란 봄을 알리는 나뭇가지 하나라는 뜻으로, 매화나무의 또 다른 이름입니다.

⭐ 영원히 시들지 않는 꽃은 없습니다. 하지만 영원히 사라지지 않는 꽃은 있습니다. 바로 '베풂의 꽃'입니다.

🔷 사고思考가 열려있다는 것은 다른 사람의 생각을 빌려와서 쓰겠다는 것입니다.

10 October 08 | 월상문 月象文

❤️ **월**요일, 월상문月象文이란 달을 상형象形한 문양을 말합니다.

⭐ 도마뱀은 꼬리가 밟히면 얼른 꼬리를 끊고 달아나 생명生命을 보존保存합니다. 이미 잃어버린 것보다 남은 삶이 더 소중하다는 것을 인간들에게 가르쳐 주기 위함입니다.

🍀 행복幸福은 특별特別한 것이 아니라 좋아하는 사람들과 웃고 즐기면 그것이 행복입니다.

화개부동상 花開不同賞

10 October 09

❤️ **화**요일, 화개부동상花開不同賞이란 꽃이 피어도 함께 감상할 수 없다는 뜻입니다.

⭐ 막는 사람이 없는데도 극락極樂에 가는 사람이 적은 것은 탐욕貪慾과 질투嫉妬를 자기의 보물寶物로 여기는 사람들이 많기 때문이고, 지옥地獄으로 유인誘引하지 않았는데도 지옥이 만원滿員인 것은 온갖 욕심慾心을 숭배崇拜하기 때문입니다.

🍀 참된 사랑은 꽃보다도 미소보다도 아름답습니다.

10 October 10 수의야행 繡衣夜行

❤️ **수**요일, 수의야행繡衣夜行이란 비단옷을 입고 밤길을 다닌다는 뜻으로, 생색生色이 나지 않는 일을 말합니다.

⭐ 악수握手는 세계 공통의 인사人事입니다. 악수는 윗사람이 아랫사람에게, 연장자年長者가 연하에게, 기혼자既婚者가 미혼자에게, 상급자가 하급자에게, 여자가 남자에게, 부부 동반으로 만날 때는 남자끼리 먼저 악수하는 것이 예의禮儀입니다.

🍀 선線은 지키라고 있는 것이지, 넘어가라고 있는 것이 아닙니다.

10 October 11 | 목당가지

❤️ **목**요일, 목당가지란 모가지의 경북 방언(사투리)입니다.

⭐ 석가모니는 타인으로부터 독살毒殺을 당한 것이 아니라 대장장이 '춘다'가 공양供養한 음식飮食이 쇠약衰弱해 있던 석가모니에게 심한 설사를 일으켜 그것이 죽음의 원인이 되었습니다.

🍀 무고無辜한 한 사람이 처벌로 고통苦痛받기보다는 죄罪를 범한 열 사람을 놓치는 것이 낫다.
― 윌리엄 블랙스톤, 영국 법률가 ―

금풍옥로 金風玉露

10 October 12

❤️ **금**요일, 금풍옥로金風玉露란 선선한 가을바람과 맑은 이슬이라는 뜻으로, 가을을 이르는 말입니다.

⭐ **부처님 오신 날 연등을 다는 이유**
연등은 끊어지지 않는 등불을 뜻하며, 태시太始의 불이 연등이었기 때문입니다.
태시란 하늘과 땅이 생겨난 맨 처음을 말합니다.

🍀 실천實踐은 어떤 말보다 윗자리에 있습니다.

💙 감사합니다. 💙 고맙습니다. 💙 사랑합니다.

10 October 13 토붕와해 土崩瓦解

❤️ **토**요일, 토붕와해土崩瓦解란 흙이 무너지고 기와가 깨진다는 뜻으로, 일이 근본부터 뒤엉켜 어찌할 도리가 없음을 말합니다.

⭐ 사람은 사랑한 만큼 삽니다.
사람은 사랑한 부피와 넓이와 깊이만큼 삽니다.
그만큼이 바로 인생人生이니까요.

🍀 탐욕貪慾을 버리고 만족滿足을 아는 마음이 즐거운 인생의 첫걸음입니다.

10 October 14 일촌단심 一寸丹心

♥ **일**요일, 일촌단심一寸丹心이란 자기의 진심을 겸손하게 일컫는 말입니다.

⭐ 최초最初의 여성 출가자는 고타마 싯다르타(부처님)의 이모인 마하프라자파티입니다. 마야부인이 부처님을 출산出産한 후 7일 만에 죽자 어린 조카를 마야부인의 여동생인 마하프라자파티가 키웠습니다.

✿ '개에게 한 말은 소문 안 나도, 마누라에게 한 말은 소문난다'라는 속담俗談의 뜻은, 사람 사이에 비밀 유지가 그만큼 어렵다는 것입니다.

10 October 15 월록越祿

♥ **월**요일, 월록越祿이란 봉급을 줄이는 것을 말합니다.

⭐ 집착執着은 상대로부터 내가 원願하는 욕심慾心을 채워 행복幸福하고자 하는 이기적利己的인 마음에서 비롯됩니다.

🍀 집착執着은 집착하는 만큼 고통苦痛의 강도强度도 높아집니다.

10 October 16 화천대유 火天大有

❤️ **화**요일, 화천대유火天大有란 하늘의 도움으로 천하를 얻는다는 뜻이고, 천화동인天火同人은 마음먹은 일을 성취할 수 있다는 것입니다.

⭐ '참을 인忍'자는, 마음 심心에 칼날 인刃이 합해진 것입니다. 즉, 칼날로 심장心臟을 후벼파는 고통苦痛을 참아내는 것이 바로 인내忍耐라는 것을 가리키는 말입니다.

🍀 인간人間의 모든 병病의 뿌리는 마음에서 옵니다.

10 October 17 수위위지誰爲爲之

❤️ **수**요일, 수위위지誰爲爲之란 자기를 알아주는 사람이 없음을 한탄恨歎한다는 뜻입니다.

⭐ 책은 지식知識과 지혜智慧의 곳간이라고 했습니다.
그리고 명심보감明心寶鑑에 의하면 독서讀書는 집안을 일으키는 근본이라고 하고 있습니다.

🍀 '온몸이 입이라도 할 말이 없다'는 속담俗談은 변명辯明의 여지가 없다는 뜻입니다.

10 October 18 | 목병木柄

♥ **목**요일, 목병木柄이란 나무 자루를 말합니다.

⭐ 돈이 필요必要하고 중요重要한 것은 사실입니다. 하지만 '돈이면 다'라고 생각하는 순간부터 그 사람의 인생人生은 나락那落으로 굴러떨어지기 시작합니다.

🍀 글을 쓰고 그림을 그린다는 것은 대자연大自然과 함께하고 싶다는 것입니다.

10 October 19 | 금의일식錦衣一食

❤️ **금**요일, 금의일식錦衣一食이란 값진 옷보다 한 그릇의 밥이 더 필요하다는 뜻입니다.

⭐ 사람은 말言을 타락墮落시키지만, 저속低俗한 말은 사람을 타락시킵니다.
또한 분노憤怒와 증오憎惡, 경멸輕蔑과 폭언暴言은 공동체共同體를 파괴破壞하고 평화平和를 깨뜨립니다.

🍀 인생에 있어서 지름길은 없습니다. 서두르지 마십시오.

10 October 20 토만두土饅頭

❤️ **토**요일, 토만두土饅頭란 흙으로 빚은 만두라는 뜻으로, 무덤을 말합니다.

⭐ 배운 사람일수록 겸손謙遜해야 하는데 오히려 거만倨慢을 떠는 것은 지식知識은 많을지 모르지만, 지혜智慧가 부족不足하기 때문입니다. 이런 사람은 말은 유식有識하게 할 수 있어도 행동行動은 무식無識하기 짝이 없습니다.

🍀 지나간 불행不幸을 한탄恨歎하는 것은 새로운 불행을 불러들이는 지름길이다.
― 셰익스피어 ―

10 October 21 | 일중즉이 월만즉휴 日中則移月滿則虧

❤️ **일**요일, 일중즉이 월만즉휴 日中則移月滿則虧란 해는 중천에 뜨면 기울고, 달도 차면 진다는 뜻으로, 성盛하면 쇠衰하는 것이 자연自然의 섭리攝理라는 것입니다.

⭐ 사랑에도 영화映畵처럼 NG(No Good)가 있었으면 얼마나 좋겠습니까?
'죄송합니다. 다시 할게요!'

🍀 덕德을 쌓으면 행복幸福의 다리가 됩니다.

072 그 입 다물라

10 October 22 | 월운月運

❤️ **월**요일, 월운月運이란 매월 바뀌는 운세를 말합니다.

⭐ 극야 현상極夜現象은 하루 24시간 모두 밤처럼 어두운 날이 계속되는 것을 말하며, 백야 현상白夜現象은 하루 24시간 모두 낮처럼 밝은 현상을 말합니다.
북반구에서 극야가 일어나면 남반구에서는 백야가, 북반구에서 백야가 일어나면 남반구에서는 극야가 일어납니다.

🍀 지금이 우리에게 주어진 마지막 시간입니다.
지금 대화對話하고, 지금 사랑하고, 지금 웃으며 살아야 합니다.

10 October 23 | 화갑지주 華甲之週

♥ **화**요일, 화갑지주華甲之週란 환갑還甲을 말합니다. 여기서 화華자를 쪼개면 십十자가 6개 일一자가 한 개 나오는데, 이것은 61세를 뜻합니다.

⭐ 히말라야Himalaya 라는 말은, 고대 인도의 산스크리트어梵語로 '눈雪'을 의미하는 히마hima와 '집居處'을 의미하는 알라야alaya가 결합된 단어로써 '눈의 거처' 즉, '만년설의 집'이라는 뜻입니다. 그리고 히말라야 최고봉인 '에베레스트'라는 명칭은 1930년~1943년 사이에 인도印度의 측량장관測量長官을 지낸 에버리스트G.Everest의 업적을 기리는 뜻으로 그의 이름을 붙였습니다.

🍀 사랑에는 유통기한流通期限이 있지만, 정情은 숙성기간熟成期間이 있습니다.

10 October 24 수중지왕 獸中之王

♥ **수**요일, 수중지왕獸中之王이란 짐승 중의 왕 즉, 호랑이를 이르는 말입니다.

⭐ 체온體溫이 0.5도 내려가면 면역력免疫力은 35% 떨어지고, 평균 체온 36.5도에서 1도만 높아도 코로나 검사를 받아야 하며, 1도만 낮아도 암검사癌檢査를 받아야 합니다. 그래서 체온은 우리의 건강 방향을 알려주는 몸의 나침판羅針盤입니다.

🍀 잘못과 오류誤謬를 오랫동안 쌓아두면 적폐積弊가 되어 고약한 암癌 덩어리로 굳어집니다.

10 October 25 | 목연 木硯

❤️ **목**요일, 목연木硯이란 단단한 나무로 만든 벼루를 말합니다.

⭐ 반성反省은 지나간 불행不幸을 딛고 앞으로 나아갈 힘을 얻는 동기動機이고, 후회後悔는 불행 그 자체自體에 머물러 마지막에는 자신마저 파멸破滅시키고 마는 감정感情입니다.

🍀 침묵沈默이 지나친 사람은 속내가 음흉陰凶하고, 생각이 많은 사람은 잔머리에 능합니다.

10 October 26 금일잔화 작일개今日殘花昨日開

♥ **금**요일, 금일잔화 작일개今日殘花昨日開란 어제 꽃이 피었는가 했더니 오늘은 벌써 시들었다는 뜻으로, 쉬이 늙는 것을 말합니다.

⭐ 태산泰山은 어떠한 흙도 버리지 않았기 때문에 거대함을 이룰 수 있고, 강江과 바다는 작은 물줄기도 가리지 않고 포용하였기 때문에 깊은 물이 될 수 있듯이, 군왕君王은 어떠한 백성百姓도 물리치지 않아야 그 덕德을 능히 천하에 밝혀 부국富國강국强國을 이룰 수 있다 라고 진나라 정치가 이사李斯가 말했습니다.

🍀 예쁘게 보이고 싶다는 마음은 건강하다는 증거證據입니다.

10 October 27

토성습보土城習步

❤️ <u>토</u>요일, 토성습보土城習步란 월越나라 미녀인 서시西施가 예쁘게 보이기 위해 성城 위에서 걷는 연습을 한 것을 말합니다.

⭐ 포기抛棄하는 순간 핑계를 찾게 되고, 할 수 있다고 생각하는 순간 방법方法을 찾게 됩니다.

🍀 행복幸福하게 살고 싶으면 삶의 무게를 줄여야 합니다.

10 October 28 | 일구양시 一口兩匙

❤️ **일**요일, 일구양시一口兩匙란 한입에 두 숟가락이 들어갈 수 없다는 뜻으로, 한 번에 두 가지 일을 할 수 없음을 말합니다.

⭐ 그림보다 글을 더 잘 썼던 화가畫家 '마르크 샤갈'은, 삶은 언젠가는 끝나는 것이라면서, "삶을 사랑과 희망希望의 색色으로 칠해야 한다"라고 했습니다.

🍀 넘침은 모자람만 못하지만, 지나침은 가만있음만 못 합니다.

10 October 29 | 월채越採

❤️ **월**요일, 월채越採란 국경을 넘어가서 부정하게 산삼山蔘을 캐거나 나무를 베는 것을 말합니다.

⭐ 겉옷의 품격品格을 높여주는 조끼는 포르투칼의 자퀘 또는 자쿠에Jaque에서 유래由來되었으며, 이 어휘語彙가 일본말 촛키가 되면서 우리나라로 건너와 '조끼'가 되었습니다.

🍀 마음 밭에 사랑을 심으면 그것이 자라나서 행운幸運의 꽃을 피웁니다.

10 October 30 | 화산花山

♥ **화**요일, 화산花山이란 경북 안동安東의 옛 이름입니다.

-고려사 57, 지리지에 수록-

⭐ 얼굴의 주름살은 미소微笑가 오랫동안 놀다 간 자리입니다. 그 자리에 성형成形이나 보톡스Botox로 주름을 제거除去하는 것은 세월歲月과 맞장 뜨는 일인가 하면 인위적人爲的인 방부제防腐劑를 주입注入하는 것입니다.

🍀 인생이란 겸손謙遜에 대한 긴 학습學習이다. 　　-제임스 배리-

10 October 31 | 수욕정이풍부지 樹欲靜而風不止

♥ **수**요일, 수욕정이풍부지樹欲靜而風不止란 나무는 조용히 있고 싶어도 바람이 멎지 않는다는 뜻으로, 효도하려고 해도 부모가 살아 계시지 않는 것을 말합니다.

⭐ 호랑이보다 사자가 더 무섭습니다.
왜? 마누라가 매일 백화점百貨店에 가서 물건을 '사자, 사자' 하니까요.

🔷 행복幸福을 생산生産하지 않고 소비消費만 하는 것은, 재산財産을 모아 놓지 않고 사치奢侈하는 것과 같습니다.

목단화 牧丹花

❤️ **목**요일, 목단화牧丹花란 모란꽃을 말합니다.

⭐ 행복幸福은 지나침과 부족不足함 사이에 있는 간이역簡易驛입니다.
'빨리, 빨리'에 익숙한 사람들은 이 작은 역을 지나칠 수도 있지만 조금만 느리게 행동하면 누구나 행복이라는 간이역을 만끽할 수 있습니다.

🍀 방귀는 슬픔의 테러이자, 추억追憶의 소리입니다.

11 November 02 금전두錦纏頭

❤️ **금**요일, 금전두錦纏頭란 기생妓生들에게 사례로 주던 비단 등의 물품을 말합니다.

⭐ 청바지가 유행流行을 타지 않고 오래도록 판매(현재 30억개 매매)되는 것은 오무주의五無主義 때문입니다.
- 계급階級의 구별이 없고
- 나이 차이가 없고
- 계절季節에 관계 없고
- 성별性別의 구별이 없고
- 국경國境이 없다는 것입니다.

🍀 성공成功하려면 빨리 뛰는 심장心臟보다 더 빨리 행동行動해야 합니다.

11 November 03 토화土話

❤️ **토**요일, 토화土話란 어느 한 지방에서만 쓰는 사투리를 말합니다.

⭐ 백야白冶 김좌진 장군의 호號가 백야인 것은,
흰 백白은 백의 민족을 뜻하고
풀무 야冶는 대장간에서 쇠를 불에 달구어 단련하듯 민족의 역경逆境을 이겨 일본놈들로부터 독립獨立을 해야겠다는 의지를 나타낸 것입니다.

🍀 감미甘味롭고 가장 맛있는 술은 입술입니다.

11 November 04 | 일의전심 一意專心

❤️ **일**요일, 일의전심一意專心이란 오로지 한 가지 일에만 온 마음을 다한다는 뜻입니다.

⭐ 사이비似而非의 생명生命은 짧습니다. 유통기한流通期限이 그리 길지 않습니다. 진실眞實한 것이 아니기에 언젠가는 그 실체實體가 탄로 나고 맙니다.

🍀 세상에서 가장 따뜻한 이불은 상대방의 허물을 덮어주는 훈훈한 마음의 이불입니다.

11 November 05 월삭越朔

❤️ **월**요일, 월삭越朔이란 아이를 낳기로 예정되어 있던 달月을 넘긴 것을 말합니다.

⭐ **'소금' 이야기 1**
모차르트의 고향故鄉인 오스트리아 잘츠부르크는, 소금 성城 이라는 뜻입니다.
잘츠Salz는 소금, 부르크burg는 성이니까요.

🍀 러시아의 상트페테르크 궁전은 '성 베드로'의 도시都市라는 뜻입니다.

11 November 06 | 화성化成

❤️ **화**요일, 화성化成이란 번뇌를 막아주는 안식처 즉, 절寺을 말합니다.

⭐ **'소금' 이야기 2**
우리가 잘 알고 있는 세계 4대 문명 발상지文明發祥地는 물을 구할 수 있으면서도 소금을 구하기 쉬운 곳이었습니다. 이집트 문명 역시 염분鹽分이 많은 나일강 주변에서 발생하였습니다.

🍀 뿌리 깊은 나무는 가뭄을 타지 않습니다.

11 November 07 | 수여산 부여해 壽如山富如海

❤️ **수**요일, 수여산 부여해 壽如山富如海란 산처럼 오래 살고, 바다처럼 재물財物이 쌓이길 바란다는 뜻입니다.

⭐ **'소금' 이야기 3**
이집트에서 가장 유명한 파라오였던 람세스 2세가 기원전 1213년 무렵 사망死亡하자, 소금물에 시신屍身을 7일간 담가두었다 미이라를 탄생誕生시켜 그들만의 사후 세계死後世界를 만들었습니다.

🍀 거짓말이 날개를 달기 시작하면 불안不安이라는 마음의 병病을 얻습니다.

11 November 08 | 목민지관 牧民之官

❤️ **목**요일, 목민지관牧民之官이란 백성을 위하는 벼슬아치라는 뜻으로, 고을의 원員이나 수령守令을 말합니다.

⭐ '소금' 이야기 4
소금은 먹는 것 이외에도 비닐, 플라스틱, 종이, 유리, 스마트폰의 리튬 이온 배터리 생산生産 등에도 꼭 필요必要한 물질物質입니다.

✿ 증오憎惡와 미움과 원망怨望은 삶에 있어서 너무나 큰 짐이 됩니다.

11 November 09 금옥기질 金玉其質

❤️ **금**요일, 금옥기질金玉其質이란 근본이 아름답다는 뜻입니다.

⭐ **'소금' 이야기 5**

한 나라의 번영繁榮과 몰락沒落의 핵심核心으로 작용한 소금은 1789년 프랑스 혁명革命의 시발始發이 되었습니다. 당시 지배 계층支配階層의 운용 자금 확보 수단이었던 소금에 국가가 세금을 140배 인상하여 부과賦課하자, 국민들은 '소금 혁명' 즉, 프랑스 혁명을 일으켰던 것입니다.

🍀 희망希望은 깨어있는 꿈이다.   -아리스토텔레스-

11 November 10 토척土瘠

❤️ **토**요일, 토척土瘠이란 메마른 땅을 말합니다.

⭐ '소금' 이야기 6

난중일기亂中日記에 의하면, 충무공 이순신 장군將軍은 임진왜란壬辰倭亂 당시 전쟁에 필요한 군수품 확보를 위하여 큰 자금資金이 필수적인 만큼 그 자금을 마련하기 위해, 지금의 경상남도 통영시 한산면 대고포 마을에서 직접 소금을 생산하여 팔았다고 기록記錄하고 있습니다.

✤ 헌 옷을 얻어 입으면 걸레 감만 남고, 헌 서방을 만나면 송장만 치릅니다.

11 November 11 일개야생一介野生

❤️ **일**요일, 일개야생一介野生이란 보잘것없는 사람 즉, 자기를 겸손하게 일컫는 말입니다.

⭐ **'소금' 이야기 7**
기원전 8세기경, 작은 도시 국가였던 로마는 테베레강 하구에 염전鹽田과 소금 길을 만들어 풍족豊足한 소금 생산은 물론 수출輸出과 판매販賣를 독점獨占한 결과, 모든 길은 로마로 통通한다는 말이 나올 정도로 거대한 제국帝國을 이룩하게 되었습니다.

🍀 여성에게 있어서 침묵沈默과 겸손謙遜은 최상의 장식품裝飾品입니다.

11 November 12 | 월소越訴

♥ **월**요일, 월소越訴란 하급 관아를 거치지 않고 직접 상급 관아에 송사를 제기하는 것을 말합니다.

⭐ 知人者智 지인자지면, 自知者明 자지자명이니라.
남을 아는 사람은 지혜智慧로운 사람이고, 자기 자신을 아는 사람은 현명賢明한 사람이라는 뜻입니다.

✿ 만남에는 그리움이 따라야 합니다.
그리움이 따르지 않는 만남은 이내 시들해지고 맙니다.

11 November 13

화혈도 火血刀

❤️ **화**요일, 화혈도火血刀란 불과 피와 칼이라는 뜻으로, 지옥地獄을 말합니다.

⭐ 1968년 1월 21일 밤 10시, 청와대靑瓦臺 정문을 300m 앞두고 북한 김일성이 보낸 간첩間諜 31명과 청와대 경비 부대 간 교전交戰이 벌어졌습니다. 그 결과 '김신조'를 제외한 모든 간첩은 사살射殺되었고, 당시 김신조는 언론에 나와 '김일성의 명령을 받아 박정희 모가지를 따러 왔다'고 했습니다.

'간첩 김신조' 일당으로 인해 새롭게 탄생한 것이,
- 주민등록증住民登錄證 제도 신설
- 목책木柵 휴전선을 철책鐵柵으로
- 예비군 창설豫備軍創設
- 학도호국단學徒護國團 신설 등입니다.

우리나라 제1호 주민등록증을 발급받은 자는 박정희 전前 대통령으로, 주민등록번호는 110101-100001입니다.

🍀 언어言語의 미덕은 혀를 구속拘束시키는 것입니다.

11 November 14 수오지심羞惡之心

♥ 수요일, 수오지심羞惡之心이란 자신의 잘못을 부끄러워할 줄 알고 남의 잘못을 미워하는 마음을 말합니다.

⭐ 말은 그 사람이 살아온 삶의 모습이자, 영혼靈魂의 거울이고, 마음의 소리이며, 정신精神을 표현表現하는 가장 훌륭한 그림입니다. 그리고 아름다운 말은 병病든 마음을 치료治療하는 의사醫師입니다.

🔷 침묵沈默하는 법法을 모르는 사람은 말하는 법도 모릅니다.

11 November 15 | 목적소설 目的小說

❤️ **목**요일, 목적소설目的小說이란 예술성藝術性의 구현보다는 사상의 선전宣傳이나 전달과 같은 목적을 전제前提로 지은 소설을 말합니다.

⭐ 절에서 부처님 모시는 곳을 대웅전大雄殿이라고 하는 이유는, 법화경法華經에서 부처님을 위대한 영웅英雄 즉, 대웅大雄이라고 한데서 유래由來된 것입니다.

🍀 세상世上을 밝게 하는 일에 돈을 쓰면 쓸수록 돈이 저절로 굴러 들어옵니다.

11 November 16 금풍요뇨 金風嫋嫋

♥ **금**요일, 금풍요뇨金風嫋嫋란 가을바람에 나뭇가지가 하늘하늘 흔들리는 모습을 말합니다.

⭐ 아무리 시간이 빈곤貧困하여도 어머니는 가족家族을 위해 손수 음식飮食을 만듭니다. 어머니가 만드는 것은 음식이지만 담는 것은 어머니의 마음이자 정성精誠입니다. 그래서 어머니가 지으신 음식은 항상 향기香氣로 가득합니다.

✿ 긍정肯定의 꽃은 시드는 법이 없습니다.

11 November 17 | 토머스 칼라일

❤️ **토**요일, 토머스 칼라일은 침묵은 영원처럼 깊고, 말은 시간처럼 얕다고 했습니다.

⭐ 스타Star가 스타인 것은, 많은 이가 우러러보아서가 아니라 자신의 몸으로 많은 이를 비추기 때문에 스타인 것입니다. 그래서 부모父母는 자식子息들의 스타가 되어야 하고, 선생先生은 학생學生들의 스타가 되어야 하며, 의사醫師는 환자患者들의 스타가 되어야 합니다.

🍀 가짜 친구는 소문을 믿고, 진짜 친구는 나를 믿습니다.

11 November 18 | 일월명현 日月明顯

♥ **일**요일, 일월명현日月明顯이란 해와 달처럼 밝고 총명하다는 뜻입니다.

⭐ 포장지包裝紙가 아무리 화려華麗해도 결국 버려지듯이, 남의 들러리로 사는 인생人生 또한 버려지게 됩니다.

🍀 좋은 아내와 건강健康은 최고最高의 재산입니다.

11 November 19 월위우주촉 月爲宇宙燭

❤️ **월**요일, 월위우주촉月爲宇宙燭이란 달은 우주를 비추는 촛불이라는 뜻입니다.

⭐ '조만간 찾아뵙겠습니다.'
이 말은 무엇을 미루기 위한 핑계 중 가장 많이 사용하는 말입니다. 이 말은 집에 가서 얌전히 기다리고 있으라는 뜻입니다.

🍀 자신을 사랑하지 않는 것은 화禍의 근원이자, 발전發展 없는 삶의 족쇄를 만듭니다.

11 November 20 | 화겸치락 和謙致樂

❤️ **화**요일, 화겸치락和謙致樂이란 온화함과 겸손은 즐거움을 불러온다는 뜻입니다.

⭐ 우리나라 최초의 여관旅館은 백 년간 대흥사 앞을 지켜온 전남 해남군 삼산면 구림리에 자리하고 있는 유선관遊仙館입니다. 유선관은 신선神仙이 노닌다는 뜻으로, 지금은 세계문화유산世界文化遺産으로 등재되었습니다.

🍀 우리의 인생人生에서 삶과 예술藝術의 의미意味를 주는 단 한 가지 색色은 바로 사랑의 색입니다.

11 November 21 수천만인오왕 雖千萬人吾往

❤️ **수**요일, 수천만인오왕雖千萬人吾往이란 스스로 돌아보아 자기 행동이 올바르면 천만인의 대세에도 두려워하지 않고 나아간다는 뜻입니다.

⭐ 세파世波의 파도波濤에 휩쓸리느냐 아니면 올라타서 삶의 주인공主人公이 되느냐는 자신의 마음가짐에 달렸습니다.

🍀 자연自然을 무자천서無字天書라고 하는 것은, 자연에는 글자가 없지만 하늘이 만든 책이라는 뜻입니다.

11 November 22 목석연 木石然

♥ **목**요일, 목석연木石然이란 나무나 돌처럼 아무 감정이나 반응이 없다는 뜻입니다.

⭐ 인연因緣은 그냥 내버려 두어도 저절로 자라는 야생초野生草가 아닙니다.
인연의 싹은 하늘이 내리지만, 그 싹을 잘 키워서 튼튼하게 뿌리 내리게 하는 것은 사람의 몫입니다.

🍀 발견發見이란 누구나 보는 것을 보고서, 아무도 생각지 못한 것을 생각해 내는 것입니다.

11 November 23 | 금여고 今如古

♥ **금**요일, 금여고 今如古란 예나 지금이나 변함없이 같음을 말합니다.

⭐ 말을 잘하는 사람보다 말을 따뜻하게 하는 사람이 좋고, 약속約束을 잘하는 사람보다는 하나의 약속이라도 잘 지킬 줄 아는 사람이 더 좋은 사람입니다.

🍀 눈꽃은 차가울수록 아름답고 사람의 마음은 따뜻할수록 아름답습니다.

11 November 24 | 토박土薄

❤️ **토**요일, 토박土薄이란 땅이 메마르고 찰지지 않은 것을 말합니다.

⭐ 삶에 있어서 3가지 금金은 소금, 황금黃金, 지금입니다. 하지만 죽음 앞에서 황금은 돌덩이에 불과하고, 소금은 언제나 황금으로 살 수 있으나 바로 지금은 어떤 것으로도 살 수 없습니다. 우리가 태어나서 죽음에 이르기까지 함께 하는 것이 지금입니다. 지금보다 중요重要한 것은 세상에 없습니다. 지금 웃고, 지금 즐기고, 지금 사랑해야 합니다. 내일은 이미 늦습니다. 그래서 지금이 삶에 있어서 가장 소중所重합니다.

🍀 비교比較는 인생人生을 좀먹는 방해물妨害物입니다.

11 November 25 | 일개공 一漑功

❤️ **일**요일, 일개공一漑功이란 한 번 논에 물을 댈 정도의 수고라는 뜻으로, 아주 사소한 일을 말합니다.

⭐ 오늘날 3대三大 성자聖者는,
공자孔子, 맹자孟子, 장자莊子가 아니라 보자, 놀자, 쉬자입니다.
- 누군가 보고 싶은 사람이 있고, 나를 보고 싶어 하는 사람이 있으면 행복幸福한 사람이고, 같이 놀 친구가 없으면 불행이 밀려옵니다. 그리고 같이 쉴 친구는 인생의 멋진 벗입니다. 항상恒常 보자, 놀자, 쉬자의 3대 성자聖者와 함께 하십시오. 행복을 위하여.

🍀 남을 미워하지 마십시오. 미워하는 마음은 피를 탁濁하게 하고 삶을 어둡게 하는 주범主犯입니다.

11 November 26 | 월세계月世界

❤️ **월**요일, 월세계月世界란 달을 지구와 같은 하나의 세계로 여기어 이르는 말입니다.

⭐ '술' 이야기 1
술이란 한자漢字인 '물 수水'와 순수 한글인 '불'이 결합結合된 '수불'에서 나온 말로, 술을 만들 때 끓이지 않아도 부글부글 끓어오르며 거품이 올라오는 모습을 표현表現한 것입니다.

✿ 과거過去의 잘못은 미래未來를 비추는 거울이자, 새로운 출발出發의 디딤돌입니다.

11 November 27 — 화천禍泉

💗 **화**요일, 화천禍泉이란 재앙의 샘이라는 뜻으로, 술酒의 또 다른 이름입니다.

⭐ **'술' 이야기 2**

술은 백약百藥의 으뜸이자, 독약毒藥의 두령頭領입니다.

- 불가佛家에서는 술을
* 곡차穀茶
* 반야탕般若湯 : 지혜의 물
* 도화우桃花雨 : 복숭아 꽃비
- 문인文人들은 술을
* 망우물忘憂物 : 근심을 잊게 하는 물질
* 천지미록天之美祿 : 아름다운 양식
* 조시구釣詩鉤 : 시흥詩興을 끌어내는 갈고리
* 소수약掃愁藥 : 근심을 없애주는 약
* 미혼탕迷魂湯 : 정신을 혼미하게 하는 물
* 옥정추향玉井秋香 : 옥 우물의 가을 향기
* 주천미록 미양천하酒天美祿頤養天下 : 술은 하늘의 후한 녹봉이라 온 천하를 먹여 살린다는 뜻입니다.

🍀 화火를 내는 것은 자신을 희생犧牲시키는 지름길입니다.

11 November 28 수수허리 須須許理

❤️ **수**요일, 수수허리須須許理는 백제인으로써 일본에 건너가 양조 기술釀造技術을 전한 사람입니다.

⭐ **'술' 이야기 3**

라틴어 속담俗談에 '인 비노 베리타스 In vino VERITAS'라는 말이 있습니다. 즉, 술 속에 진리가 있다는 뜻입니다. 이 말은 로마 시대의 과학자 프리뉴스가 쓴 박물지博物誌 Naturalis Historia에 나오는 말로써 우리나라 속담의 '취중 진담醉中眞談'과 같습니다.

🍀 우정友情과 사랑은 인간관계를 넘어서 영혼靈魂의 교감交感이며 삶의 동반자同伴者입니다.

11 November 29 | 목정 木釘

❤️ **목**요일, 목정木釘이란 나무로 만든 못을 말합니다.

⭐ '술' 이야기 4

불교 법화경法華經에 의하면

- 초측 인탄주 初則人吞酒

   처음엔 사람이 술을 마시고

- 차측 주탄주 次則酒吞酒

   다음에는 술이 술을 마시고

- 후측 주탄인 後則酒吞人

   마지막엔 술이 사람을 삼킨다고 하였습니다.

🍀 남자는 알고 있는 것을 말하고, 여자는 남이 기뻐하는 말만 합니다.

11 November 30 금하엽배 金荷葉杯

❤️ **금**요일, 금하엽배金荷葉杯란 금으로 만든 연잎 모양의 술잔을 말합니다.

⭐ '술' 이야기 5
- 영국에서 음주 운전자는 영장 없이 체포할 수 있고,
- 엘살바도르에서는 총살형,
- 스웨덴이나 말레이시아에서는 80리 떨어진 곳에 끌어다 놓고 걸어서 차를 인수引受해 가도록 하고 있습니다.

한 마디로 차 탈 자격資格이 없다는 것입니다.
그럼에도 많은 사람이 술을 사랑하는 이유는 술의 정직성 때문입니다. 술은 마신 만큼 취하고, 취한 만큼 아침에 고통苦痛을 느낍니다. 고통을 느끼면서도 또다시 술을 찾는 것은, 인간 사회에서는 느껴 볼 수 없는 순수純粹함과 진실眞實함 그리고 정직正直함을 간직하고 있기 때문입니다.

🍀 남자의 눈물은 진실眞實된 감정感情의 액체液體입니다.

12 December 01 토심討尋

❤️ **토**요일, 토심討尋이란 사물의 이치를 따져 가며 연구하는 것을 말합니다.

⭐ '술' 이야기 6

금준주적성　金樽酒滴聲
금 술잔에 술 따르는 소리가 좋은가?
옥녀해군성　玉女解裙聲
아름다운 여인의 치마 벗는 소리가 좋은가?
차양성지중　此兩聲之中
양 소리 중 어떤 것이 더 좋은가?
월침삼경해군성　月沈三更解裙聲
달이 지는 깊은 밤에 여인의 속옷 벗는 소리가 최고 좋더라.

🍀 칭찬稱讚도 배워야 할 예술藝術입니다.

12 December 02 | 일일난재신—日難再晨

♥ **일**요일, 일일난재신—日難再晨이란 하루에 새벽은 두 번 오지 않는다는 뜻으로, 시간은 한 번 지나가면 다시 돌아오지 않음을 말합니다.

⭐ **'술' 이야기 7**
강릉 경포대鏡浦臺에는 달이 6개 떠오릅니다.
술잔에 하나, 하늘에 하나, 호수에 하나, 바다에 하나, 나머지는 사랑하는 임의 두 눈동자에 각각 하나씩 떠오릅니다.

🍀 육체적肉體的 결합이 없는 사랑은 사랑이 아니라 공상空想입니다.

12 December 03 월경月頃

❤️ **월**요일, 월경月頃이란 달포 즉, 한 달이 조금 넘는 기간을 말합니다.

⭐ 친절親切은 청각 장애인聽覺障碍人이 들을 수 있고, 시각 장애인視覺障碍人이 볼 수 있는 가장 아름다운 언어입니다.

🔵 고문拷問 중 가장 아픈 고문은 희망 고문希望拷問입니다.

12 December 04 | 화신 花晨

❤️ **화**요일, 화신花晨이란 꽃이 핀 아침을 말합니다.

⭐ 소유욕所有欲에는 물질物質에 대한 끊임없는 욕심慾心과 이기적利己的인 탐욕貪慾이 있습니다. 잠시 찾아온 물질物質에 삶의 가치價値를 두기보다 늘 곁을 지켜주는 믿음, 사랑, 우정 등 보이지 않는 것의 가치를 깨닫는다면 삶이 더욱더 행복幸福해질 것입니다.

🍀 침묵沈默은 실수失手를 만들지 않습니다.

12 December 05 수희지루隨喜之淚

♥ **수**요일, 수희지루隨喜之淚란 기쁨에 넘친 눈물을 말합니다.

⭐ 새들에게는 본능적本能的으로 GPS가 장착裝着되어 있습니다. 그래서 정확正確하게 우주宇宙의 흐름을 읽어 냅니다. 그리고 새들은 별과 지구地球의 자기장磁氣場을 이용해서 길을 찾아 갑니다.

🍀 패배의식敗北意識에서 벗어나기 위한 가장 좋은 해독제解毒劑는 행동行動하는 것입니다.

12 December 06 | 목적세目的稅

❤️ **목**요일, 목적세目的稅란 특정特定한 목적을 위하여 거두는 세금稅金으로 방위세, 교육세 등을 말합니다.

⭐ 시간時間의 흐름은 절대 잡아둘 수 없습니다. 그리고 시계時計는 이미 지나간 시간을 가리키지 않으니 꿈을 이루고 싶으면 과거過去에 얽매이지 마십시오.

✤ 말하는 것은 지식知識의 역할이고, 듣는 것은 지혜智慧의 특권特權입니다.

12 December 07 금세과보 今世果報

❤️ **금**요일, 금세과보今世果報란 전생前生에 지은 인연因緣으로 맞이하게 된 현세現世의 업보業報를 말합니다.

⭐ 쓸데없는 말을 하느니 차라리 진주珍珠를 강물에 던지는 편이 낫습니다. 그리고 침묵沈默은 그 어떤 노래보다도 더 아름답습니다.

🍀 정의正義란 개인적인 사랑이 아니라 다수를 위한 사랑입니다.

12 December 08 | 토풍土風

❤️ **토**요일, 토풍土風이란 그 지방의 풍속, 습관을 말합니다.

⭐ '앎'은 상처傷處를 치료治療하고, 빈 것을 채우고, 무거운 것을 가볍게 만들고, 친구를 모으고, 하찮은 것을 황금黃金처럼 가치價値있게 만드는가 하면, 태양太陽을 떠오르게 합니다.

※ 앎 : 배우거나 경험하여 모르던 것을 깨달음

🔷 남의 말을 잘 경청傾聽하는 것은 제2의 유산遺産입니다.

일준제사생 一樽齊死生

12 December 09

❤️ **일**요일, 일준제사생一樽齊死生이란 한 잔의 술 속에서는 삶과 죽음이 따로 없다는 뜻입니다.

⭐ 비가 울어서 무지개가 되듯이, 눈물은 나약懦弱해서가 아니라 현재의 슬픔, 고통苦痛, 어려움 따위를 씻어내기 위함입니다.

🍀 마음이 통通하는 사람과 마시는 술은 보약補藥보다 좋아서 행복幸福의 꽃을 피웁니다.

12 December 10 월침月沈

♥ **월**요일, 월침月沈이란 달빛이 침침하고 흐릿함을 말합니다.

⭐ 우리가 먹는 음식飮食은 농부農夫들이 흘린 땀의 결정체結晶體이고, 햇빛과 달빛 즉, 빛의 결정체는 바로 소금입니다.

🍀 말수가 적고 친절親切한 것은 여성의 가장 좋은 장식裝飾이라고 톨스토이는 말했습니다.

12 December 11 | 화신가락 和信家樂

❤️ **화**요일, 화신가락和信家樂이란 화목和睦하고 믿음이 있으면 집안이 즐겁다는 뜻입니다.

⭐ **기소불욕 물시어인 己所不欲勿施於人**,
자기가 하기 싫은 일을 남에게 하게 해서는 안 된다는 뜻입니다.

🍀 우리에게 꼭 필요한 세 개의 손은 오른손, 왼손 그리고 겸손謙遜입니다.

수심가지 인심난지 水深可知人心難知

12 December **12**

❤️ **수**요일, 수심가지 인심난지 水深可知人心難知란 열 길 물속은 알아도 한 길 사람 속은 모른다는 뜻입니다.

⭐ 둔필승총 鈍筆勝聰 즉, 둔한 필기 筆記가 총명한 머리를 이긴다는 말이 있듯이, 천재도 기억력에 한계가 있습니다.
레오나르도 다빈치, 뉴턴, 에디슨, 링컨, 정약용, 이순신 장군 등 역사적 위인 偉人들 중 메모의 광 狂이 아닌 사람이 없었습니다.

🍀 미소 微笑 안에 담긴 마음은 배려 配慮와 사랑입니다.

그 입 다물라

목광 目光

12 December 13

❤️ **목**요일, 목광目光이란 눈빛을 말합니다.

⭐ 칠보七寶는 금金, 은銀, 청옥靑玉, 수정水晶, 진주珍珠, 마노, 호박 등 7가지 보석寶石의 빛깔을 지닌다고 하여 붙여진 이름으로서, 사람이 만든 가장 아름다운 보석입니다.

🍀 사랑은 주식株式과 같아서 욕심慾心을 내면 손해를 봅니다.

12 December 14 금심수구 錦心繡口

❤️ **금**요일, 금심수구錦心繡口란 비단같이 아름다운 마음과 수놓은 것 같은 아름다운 말이란 뜻으로, 글재주가 빼어난 사람을 칭찬稱讚하는 말입니다.

⭐ 세상世上에서 가장 맛있는 음료수飮料水는 비난非難의 소리가 입안에서 용솟음칠 때 이것을 삼키는 인내수忍耐水입니다.

🍀 모든 역경逆境의 한 가운데는 기회機會라는 섬이 있습니다.

12 December 15 토만 Toman

❤️ **토**요일, 토만Toman은 페르시아의 화폐 단위金貨입니다.

⭐ 하트 ❤️를 종이에 그리면 그림이 되고,
마음에 그리면 그리움이 되고,
가슴에 그리면 사랑이 됩니다.

🍀 불평불만不平不滿은 모든 것을 악惡으로 만드는 근본根本입니다.

12 December 16 | 일기지욕─己之慾

❤️ **일**요일, 일기지욕─己之慾이란 오직 자신만을 위한 욕심慾心이라는 뜻입니다.

⭐ 친절親切과 미소微笑 짓는 법을 배우기 전까지는 가게 문을 열지 마십시오. 가게에서 물건物件만 판다고 생각하면 어리석은 생각입니다. 가게에서 파는 것은 사랑과 감사感謝와 친절과 미소이며, 물건은 거기에 따라가는 부수적附隨的인 것일 뿐입니다.

🍀 유머humor는 지혜智慧의 양념입니다.

12 December 17 | 월작운간경 풍위죽리금 月作雲間鏡風爲竹裡琴

❤️ **월**요일, 월작운간경 풍위죽리금月作雲間鏡風爲竹裡琴이란 달은 구름 사이의 거울이 되고, 바람은 대나무 숲의 거문고가 된다는 뜻으로, 대나무 잎이 바람에 흩날리는 소리를 말합니다.

⭐ 해결解決될 문제問題라면 걱정할 필요必要가 없고, 해결 안 될 문제라면 걱정해도 소용所用없습니다.

🍀 신神이 우리에게 기억記憶을 주신 것은 12월에도 장미꽃을 기억하게 하기 위함입니다.

💜 감사합니다. 💜 고맙습니다. 💜 사랑합니다.   **015**

화형花兄

12 December 18

❤️ **화**요일, 화형花兄이란 매화를 말합니다.

⭐ 사과沙果는 당도糖度가 중요重要하고, 사과謝過는 진정성眞情性이 중요합니다. 진정성이 없는 사과는 상대에 대한 모독冒瀆입니다.

🍀 감사感謝하는 마음은 지난 과거過去에 대한 덕행德行이 아니라 앞으로 다가 올 미래未來에 대한 덕행입니다.

12 December 19 수향입향 隨鄉入鄉

❤️ **수**요일, 수향입향隨鄉入鄉이란 지방에 가서는 그 지방의 풍습風習과 예절을 따르라는 뜻입니다.

⭐ 건강健康은 몸이 누리는 최고最高의 이익利益이며,
만족滿足은 정신精神이 누리는 최고의 재산財産이며,
믿음은 마음이 누리는 최고의 친척親戚이며,
사랑은 인생을 누리는 최고의 행복幸福입니다.

🍀 말과 행동行動은 마음의 그림자입니다.

💜 감사합니다. 💜 고맙습니다. 💜 사랑합니다.

목영目迎

12 December 20

❤️ **목**요일, 목영目迎이란 오는 사람을 말없이 바라보고 맞이한다는 뜻입니다.

⭐ 꿈을 이룰 수 있는 힘은 이성理性이 아니라 희망希望이며, 두뇌頭腦가 아니라 가슴입니다.

🍀 마음을 구求하는 것은 양심良心뿐 입니다.

12 December 21 | 금선金仙

❤️ **금**요일, 금선金仙이란 금빛이 나는 신선이라는 뜻으로, 부처를 이르는 말입니다.

⭐ 행복幸福해지려면,
- 마음을 잘 먹어야 하고
- 나이를 잘 먹어야 하고
- 음식飮食을 잘 먹어야 합니다.

🍀 의심疑心은 어두운 그림자를 만들어 냅니다.

12 December 22 토사간지림 土沙杆止林

❤️ **토**요일, 토사간지림土沙杆止林이란 토사 유출을 막기 위한 산림을 말합니다.

⭐ 희망希望의 꽃은 어떤 꽃보다도 아름답고 화려華麗하게 피어납니다. 그리고 희망의 꽃은 삶에 대한 강력한 영양제營養劑입니다.

🍀 목표目標를 성공成功시키는 것은 끈기와 집념執念뿐입니다.

일물부지 一物不知

💗 **일**요일, 일물부지一物不知란 세상 물정物情에 어둡다는 뜻입니다.

⭐ 와인Wine은 신神의 음료飮料로 불리고 있습니다.
우리나라 최초最初의 와인은 1969년 사과를 원료로 한 '파라다이스'였으며, 포도주는 1974년 '노블'이었고, 정통 고급 포도주는 1977년 '마주앙'이었습니다.
술은 소통疏通의 매개체媒介體이자, 인류人類와 함께하는 생명수生命水입니다.

🍀 모든 아름다움에는 사랑이 깃들어 있습니다.

12 December 24 | 월명천月明天

❤️ **월**요일, 월명천月明天이란 달 천지란 뜻으로, 휘영청 달 밝은 밤을 말합니다.

⭐ 자신감自信感과 희망希望은 어떤 약藥보다 우리 몸을 더 건강健康하게 해주는 건강 보석입니다. 그리고 의사醫師는 단지 자연自然의 심부름꾼에 불과합니다.

🔷 감사感謝하는 마음은 자신을 위한 평화平和입니다.

12 December 25 | 화중지왕 花中之王

❤️ **화**요일, 화중지왕花中之王이란 꽃 중의 왕이란 뜻으로, 모란牡丹을 말합니다.

⭐ 연애戀愛가 있기 때문에 세상은 항상 신선新鮮합니다. 연애는 인생에선 영원한 음악音樂으로, 청년靑年에겐 빛으로, 노인老人에겐 삶의 풍요豊饒를 가져다줍니다.

🍀 술을 섞어 마시면 정신精神이 위태危殆롭고, 없는 말을 섞어서 지어내면 목숨이 위태롭습니다.

12 December 26 | 수화 불상용 水火不相容

♥ 수요일, 수화 불상용水火不相容이란 물과 불처럼 서로 용납容納되기 어렵다는 뜻으로, 화합할 수 없는 상황을 말합니다.

⭐ 평범平凡한 사람은 시간時間을 소비消費하는 데 마음을 쓰고, 현명賢明한 사람은 시간을 이용利用하는 데 마음을 씁니다.

🍀 남을 미워하는 순간 그 사람의 노예奴隷가 됩니다.

12 December 27 목연와 木煉瓦

❤️ **목**요일, 목연와木煉瓦란 건축建築 또는 길 포장包裝에 사용되는 벽돌 모양의 단단한 나무토막을 말합니다.

⭐ 부모父母는 자식子息에게 미안했던 것만 굳은살이 되어 가슴에 사무치고, 자식은 부모에게 서운했던 것만 사무칩니다.

🍀 비겁卑怯한 자는 일생에서 여러 번 죽지만, 용감勇敢한 자는 단 한 번 죽음을 맛봅니다.

12 December 28 | 금옥金屋

♥ **금**요일, 금옥金屋이란 사랑하는 사람과 함께 사는 집을 말합니다.

⭐ 가정家庭은 마음의 조국祖國입니다. 그리고 좋은 아내는 끊임없이 복종服從함으로써 남편을 지배支配합니다.

🍀 세상世上에서 가장 값진 것은 사랑을 나눌 줄 알고 베풀 줄 아는 넉넉한 마음입니다.

12 December 29 | 토연말 吐涎沫

💗 **토**요일, 토연말吐涎沫이란 입안에 침이 많이 생기거나 또는 침이 흘러내리는 병의 증상을 말합니다.

⭐ 사랑은 서로 배려配慮하고 존중하며 평등한 위치에서 바라보는 마음입니다.
사랑Love을 풀어보면
- 'L'은 listen: 조건條件 없이 상대의 말을 귀담아듣고 그의 마음을 헤아리는 것
- 'O'는 obligate : 서로 감사感謝하는 마음을 지니고 더 큰 사랑으로 보답報答하는 것
- 'V'는 valued : 서로 존중尊重하는 마음으로 소중히 여기고 아낌없이 격려激勵하는 것
- 'E'는 excuse : 실수失手와 잘못을 너그럽게 용서容恕해주는 것입니다.

🍀 역경逆境은 성공成功의 디딤돌입니다.

💜 감사합니다. 💜 고맙습니다. 💜 사랑합니다.   **003**

12 December 30 | 일두 합자연一斗合自然

❤️ **일**요일, 일두 합자연一斗合自然이란 한 말의 술을 마시면 자연과 하나가 된다는 뜻입니다.

⭐ 약점弱點이란 인간이 교만驕慢하게 살지 않도록 하기 위해 신神이 쳐놓은 생각의 덫입니다.

🍀 머리 위에 모자만 쓰지 마시고 머리를 써야 합니다. 행복幸福한 삶을 위해서....

참고문헌

- D, 카네기부부, 「화술로 성공하라」, 율곡문화사
- 고도원, 「사랑합니다. 감사합니다」, 홍익출판사
- 구지선, 「지는 것도 인생이다」, 성안당
- 김옥림, 「마음에 세기는 명품명언」, 미래북
- 김용한, 「짧은 글 큰 지혜」, 씽크뱅크
- 김욱, 「유대인 기적의 성공비밀」, 지훈
- 김진배, 「유머가 인생을 바꾼다」, 더블북코리아
- 노경원, 「늦지 않았어 지금 시작해」, ㈜시드페이퍼
- 노학자, 「의심스러우면 쓰지 말고 썼으면 의심하지 말자」, 파노라마
- 다이애나홍, 「책 속의 향기가 운명을 바꾼다.」, 모아북스
- 류정담, 「적을 내편으로 만드는 대화법」, 창작시대
- 마이클조, 김영숙 옮김, 「금을 부르는 공감화술」, 도서출판 나무물고기
- 박은서, 「마음에 새겨두면 좋은 글」, 새론북스
- 사오유에, 「생각의 함정」, 씽크뱅크
- 스티븐호킹, 현정순 옮김, 「시간의 역사」, 삼성출판사
- 신호웅, 「난세 인간 경영」, 경혜
- 아잔브라흐마, 류시화 옮김, 「술취한 코끼리 길들이기」, 연금술사
- 이득형, 「유머와 화술」, 안다미로
- 이외수, 「그리움도 화석이 된다」, 동문선

巨松 단상록 7

그 입 다물라

초판 발행 | 2025년 10월 11일

지 은 이 | 박해양
교   정 | 박혁(책임교정), 최혜림

발 행 인 | 김길현
발 행 처 | (주)골든벨
등   록 | 제 1987–000018 호
I S B N | 979-11-24114-00-1
가   격 | 16,800원

㈜04316 서울특별시 용산구 원효로 245(원효로1가) 골든벨 빌딩 6F
• TEL : 도서 주문 및 발송 02-713-4135 / 회계 경리 02-713-4137
　　　기획 · 디자인본부 02-713-7452 / 해외 오퍼 및 광고 02-713-7453
• FAX : 02-718-5510　• http : // www.gbbook.co.kr　• E-mail : 7134135@naver.com

본 도서의 내용(텍스트, 도해, 도표, 이미지 등)은 저작권자의 사전 서면 승인 없이 아래와 같은 행위는 금지되며, 위반 시 「저작권법」 제125조(손해배상의 청구) 및 관련 조항에 따라 민·형사상 책임을 질 수 있습니다.
① 개인 학습 목적을 넘어 도서의 전부 또는 일부를 무단 복제·배포하는 행위
② 학교·학원·공공기관·기업·단체 등에서 영리 또는 비영리 목적을 불문하고 허락 없이 복제·전송·배포하는 행위
③ 전자책, PDF, 스캔본, 사진 촬영본, 클라우드 공유, 온라인 커뮤니티 게시, SNS 업로드, 파일 공유 서비스 등을 통한 무단 이용
④ 기타 디지털 복제·전송 수단(USB, 디스크, 서버 저장, 스트리밍 등)을 이용한 무단 사용

※ 파본은 구입하신 서점에서 교환해 드립니다.